Nick Craig　Bill George　Scott Snook

ニック・クレイグ｜ビル・ジョージ｜スコット・スヌーク
著

小川孔輔｜林麻矢
訳

True North

リーダーたちの羅針盤

フィールドブック

「オーセンティック・リーダーシップ」 を発揮するためのガイド

生産性出版

THE DISCOVER YOUR TRUE NORTH FIELDBOOK: A Personal
Guide to Finding Your Authentic Leadership, Revised and Updated
by Nick Craig, Bill George, Scott Snook

日本語版訳者　はじめに

　本書（『True North リーダーたちの羅針盤　フィールドブック』）は、ニック・クレイグ、ビル・ジョージ、スコット・スヌーク３人の共著で、2015年に刊行されています。本書のオリジナルの著作（まえがきでは「本編」と呼ぶことにします）は、共著者のひとりであるビル・ジョージ（前ハーバード・ビジネススクール教授）が著した『True North リーダーたちの羅針盤』（生産性出版、2017年）です。

　フィールドブックの方には、「オーセンティック・リーダーを目指す皆さんへのガイド」という副題がついています。副題が示す通り、本編の『True North リーダーたちの羅針盤』を読んだ読者が、自身の「リーダーシップの旅」を省察し、リーダーシップ開発プラン（Personal Leadership Development Plan＝PLDP）を作成するために用意された「自学自習用のワーブック」になっています。

　フィールドブックは発売から９年が経過していますが、本編と併用されて好評を博しているようです。著者たちが「はじめに」で触れているように、ハーバード・ビジネススクールなど、欧米の経営大学院の授業（リーダーシップ論）やゼミの演習でテキストに採用されています。また、企業の社内セミナーやコーチングの研修用テキストとしても利用されているようです。

　私たちが翻訳を担当した『True North リーダーたちの羅針盤』（本編）は、2023年で４刷を重ねています。日本国内でも多くの読者を獲得できているのは、欧米の企業社会と同様な使い方をされているからだと思われます。というわけで、大学院の授業や社内外でのセミナー、コーチングのテキストとしての利用を考えて、翻訳に取り組むことにしました。

　日本語への翻訳に当たっては、オリジナルの文章（テキスト）と内容（コンテンツ）に次のような変更を加えてあります。

　まず、編集部と相談の上、日本の実情に合わせて、直訳ではなく部分的に文章を変更しています。特に、宗教的な記述や文化的に理解困難な表現は、削除したり改変したりしています。また、オリジナルのテキストで丸ごと省

いてしまった章もあります（第12章「グローバル・リーダーシップ」）。

　翻訳者としては、文化的なコンテキストが理解できない場合は、削除や改変は致し方がないと考えました。そのように扱った方が、文章がシンプルで読みやすくなると考えたからです。また、本編を読むことでより一層、理解が深まる場合は、本編のテキストの記述で置き換えた部分もあります。フィールドブックの方は、３人の著者が共同で執筆したため、文体や概念の説明が微妙に不統一になっている部分もあります。

　演習問題については、次のような扱いにしてあります。

　オリジナルテキストでは、演習問題の回答欄に、３〜５行分の空欄が用意されています。標準的な日本人の学生やビジネスパースンにとって、自身の個人的な人生経験を答えるため、必要以上に多くの回答欄（３〜５行分）を埋めることを要求しても、拒否反応を示されると考えました。

　そこで、演習問題に対する回答欄は、回答しやすいように、オリジナルと比べて少なめ（２〜３カ所）に設定してあります。これは、日米欧の教育文化と心的な心地よさの常識の違いから来ているのだと思います。

　演習問題については、ほぼ全編にわたって（第２章、第12章を除く）回答例を準備しました。翻訳者ふたり以外に、法政大学専門職大学院の小川研究室（〜2022年）の元大学院生４人、松尾啓子さん（中小企業診断士・キャリアコンサルタント）、安井祐子さん（人材開発・組織開発コンサルタント）、大下誠さん（経営コンサルタント・研修講師）、浦上昌子さん（中小企業診断士・キャリアコンサルタント）の協力を得て、具体的な回答例を提出してもらいました。

　なお、回答例は、別途用意したサイト（＊）からダウンロードしていただくか、閲覧可能な形でマテリアルを用意しています。ただし、使い方としては、最初から回答例を参考にするのではなく、まずは自分で回答してみることが大切だと思います。

　また、本編中に用意されている回答欄ではスペースが不足する質問も多くあります。用意されたスペースに収まるように回答するのではなく、別紙やノートを用意するなどして、スペースに拘らずに回答されることをお勧めします。

　翻訳に当たっては、厳密に訳すというよりは、以下の用語に代表されるように文脈によって訳し分けるようにしました。

- True North＝トゥルーノース（めまぐるしく変化する環境でも変わることなく、正しい方向に導く人生の基軸）の意。
- authentic＝「自分らしい・ならでは」「本物」「オーセンティック」を文中で使い分けている。
- purpose＝あえて、一語のパーパスを使わずに目的・目標、使命・ミッション、存在理由など、文脈により使い分けている。

　このフィールドブックの章立ては、併用しやすいように下記の通り本編に沿って構成されています。また、実際に活用する際のアドバイスが、〈付録〉として用意されています。

	本編 『True North リーダーたちの羅針盤』	本書 『True Northフィールドブック』
第1部	**リーダーシップへの旅**	
第1章	人生経験	人生経験
第2章	道を見失う	道を見失う
第3章	試練	試練
第2部	**本物のリーダーになる**	
第4章	自己認識	自己認識
第5章	価値観	価値観
第6章	スイート・スポット	スイート・スポット
第7章	サポート・チーム	サポート・チーム
第8章	公私を統合する人生	公私を統合する人生
第3部	**成果をあげるリーダーへ**	
第9章	「私」から「私たち」へ	「私」から「私たち」へ
第10章	目標	目的・目標
第11章	エンパワーメント	エンパワーメント
第12章	グローバル・リーダーシップ	あなたのリーダーシップ開発プラン
		付録
		A　このガイドブックの使い方
		B　リーダーシップ・ディスカッション・グループ（LDG）の作り方

著者たちは、リーダーたちが切り拓いていく人生の航路を３つのステージ（第１～第３部に対応）に区分しています。自身が今どの段階にいるにせよ、これまでの人生経験を真摯に省察し、未来に向けて確かな目標を設定することで、本物のリーダーとしての役割を果たす準備が整うことになります。

　波乱万丈の航海を無事に乗り切るために、本書が皆さんに適切な学習機会と有益な行動指針を提供できることを切に願います。

Bon Voyage（良い旅を）！

2024年３月

小川孔輔、林 麻矢

（※）回答例の閲覧およびダウンロードは下記のサイトから可能です。
　　https://www.kosuke-ogawa.com/

はじめに

フィールドブックを改訂した理由

フィールドブックの初版を作成して以来、私たちは1万人を超える人たちの協力を得て、彼らが一段とよりオーセンティックなリーダーになる旅路をともに歩くという貴重な体験をしました。その体験は、ハーバード・ビジネススクールのMBA課程における「オーセンティック・リーダーシップ開発」の講義から始まり、グローバルな責任を負っている上級管理職者専用のトゥルーノース・プログラムの運営に至るまで、広範囲に渡っています。

その過程で、彼らがそれぞれのTrue North（トゥルーノース）をどうやって発見し、実践に移していったのかを学びました。彼らの多くと長期間にわたって協同できたおかげで、長い旅路で進路を誤らないために必要なものは何かを理解するようになりました。

ビルは初版の序章でこう述べています。

リーダーシップは重要です。組織や機関、そこで働く人たち、そして彼らが関わる全ての人たちにとって、とても重要です。そして、私たちの社会が効果的に機能するためには、オーセンティック・リーダーが必要なのです。リーダーたちは、周囲の人々が最高のパフォーマンスを発揮し、彼ら自身がより成長できるためにサポートする人たちなのです。

私が強く願っているのは、もっと多くの人たちが人生のあらゆる局面でその人「らしい・ならでは」のリーダーシップを発揮している姿を見ること、そして読者である皆さんにとって、あなた「らしい・ならでは」のリーダーシップを発見するための一助となることです。これがTrue Northを著した理由です。

『True North リーダーたちの羅針盤』（前出）の出版に際して、私たちは多くの気づきと学びを蓄積できました。それらを反映させて、オーセンティッ

ク・リーダーシップを目指す皆さんのサポートになればと、このガイドブックも改訂することにしました。皆さんは、21世紀の未知なる領域をナビゲートしていく役割を担っています。皆さんが、大いに成果を高めるオーセンティック・リーダーになるように、また、自身のトゥルーノースに従い、軌道から外れることなく歩みを進めていけるように、このガイドブックが役立つことを願っています。

本書はきっと皆さんに役立ちます

　初版から得た学びの１つは、誰もがリーダーになれるということです。たとえば、ヘルプデスクに寄せられた内容が予め用意された問題リストになかったとします。その瞬間にヘルプデスクのスタッフはその相談にのるか否かを決めなければなりません。スタッフがどちらの選択をしたとしても、彼らがどのように感じたのか想像できますよね。

　あなたが他者に何かしらの影響を与えるような決定を下す際はいつでも、あなた自身がリードするのだと私たちは考えます。あなたが学生、父母、バスの運転手、陸軍将校、CEO、祖父母、はたまた（国境を越えて活躍する）世界市民であろうが、誰にでも一歩前に踏み出してリードするチャンスがあります。

　本書は、私たち皆がオーセンティック・リーダーになる旅路の最中にいるということをベースに書いたものです。つまり、対象となる読者は、個々人の独自の本質をより深く掘り下げ、一歩前に歩み出て、効果的に自らを導き、有意義な人生を送りたいと望んでいる人たちです。

オーセンティック・リーダーシップを発見してください

　あなた「らしい・ならでは」のオーセンティック・リーダーになるのは大変なことです。そのプロセスは、世界的なミュージシャンやアスリートになることと大差ありません。どの分野においても成功を収めるためには、持って生まれたあなたならではの強みを活かし、同時に欠点を認識し、そこから学んでいかねばなりません。

　ビルはリーダーになるために大変な苦労を重ねました。高校と大学の初期の頃は、絶望的な敗北と周囲の拒絶に耐えなければなりませんでした。ゼネ

ラル・エレクトリック社CEOのジェフ・イメルトの表現を借りれば、ビルはまず「自分自身の魂に向きあうことからリーダーシップへの旅を始めなければならなかった」のです。自分が何者であるのか、本当の情熱がどこにあるのか、そしてリーダーとしてどうすれば成果があげられるのか……。当時は、本書のようなガイドもないので、彼自身が旅路を歩みながら、プランを立てていきました。旅の途中では、妻のペニーや親友たち、そして主要なメンターたちの助けもあって、ビルは成長し成功を収めたばかりでなく、その途上で苦労してレッスンをつかみ取りました。そのレッスンを、私たちはあなたと共有したいと願っています。

　ロールモデルを長年探し求めた結果、ビルが学習したのは、他の誰かをまねしたり、自分の弱みを最小限に抑え込んだりしても、決してオーセンティック・リーダーにはなれないということでした。「ディレクター・オブ・ザ・イヤー」を受賞したリーサ・クラーク・キングの言葉を聞きましょう。「他の誰かのようになりたいと思っているのなら、ただのコピーキャットでしかないのよ。だって、それはあなたが他人の気持ちを忖度^{そんたく}してそうしているにすぎないのだから。そんな考えでは決してスターにはなれないはず。でも、誰にもまねできないスターになるには、あなたがあなた自身の情熱に従って進まなければいけないの」。

　多くの本で、リーダーになるための最短攻略法とか、7つのステップなどが紹介されています。残念ながら、実際はそのようにはことは運びません。あなたのリーダーとしての可能性を知るには、自らの成長を助ける系統だったプランが必要です。自らの成長をガイドするために、明確で詳細な道筋を示すプランを作成すること、これが本書のゴールです。

　リーダーとしての経験を、人生の早い時期にできるだけ多く積んで欲しいと思います。ただ座って待っていても何も起こりません。探してでも経験してください。それぞれの経験のあとに反芻^{はんすう}してください。自分自身のプランに合っているかどうかを検証する、必要であればプランの変更をする、そして自身のトゥルーノースを明確にイメージしながら、次の経験に取り組んでください。これは一生涯続くプロセスです。さあ、今からスタートしてください。

　旅路につく前に、まず以下の事柄をしっかりと心に刻んでおいてください。

- 誰もがオーセンティック・リーダーシップとは何なのかを発見できます。
- リーダーとしての特性は生まれ持ったものではありません。
- リーダーになるのに肩をたたかれるまで待つ必要はありません。
- リーダーは組織のトップである必要はありません。
- 人生のどの時点においても、リーダーになるために一歩踏み出すことは可能です。決して若すぎるとか、年を取り過ぎているということはありません。
- リーダーとは自らの選択肢の１つであって、与えられる役職やタイトルではありません。

フィールドブックの使い方について

　本書では、あなたに一連の演習をしてもらいます。演習をこなすことで、あなたの人生経験を深く掘り下げ、何に情熱を持っているのか、その情熱をオーセンティック・リーダーとして、どこに落とし込めばいいのかがわかるようになります。まず、人生経験の中で、何があなた自身のリーダーシップと関連しているのかを観察します。それから、あなたがこれまでの人生の中で積み重ねてきたリーダーとしての経験、挑戦したこと（うまくいかなかったことも含めて）を考察してみてください。また、道を見失わないために、いくつかの一般的なパターンにも焦点をあてて、トゥルーノースを発見する軌道から離れていかないようにします。

　あなた自身の人生経験を幅広くレビューしたら、次はあなたが経験した意味ある試練を紐解いてみましょう。自分の人生経験を掘り下げ、試練を紐解くことで、あなた独自のパターンが見えてきます。それはあなたが何者なのか、つまりあなた自身を定義することに役立つはずです。

　次に、５つのキーとなる項目に取り組んでいきます。自己認識、価値観と原則、モチベーションとスイート・スポット、サポート・チーム、そして公私を統合する人生、という５つの項目です。

　最後のセクションでは、「私」から「私たち」へと基盤を移行することについて、あなたがどのように感じるのかを体験してもらい、リーダーシップの目的・目標となるステートメントを作成し、さらに他者をエンパワーする

ことの重要さを理解してもらいます。この一連の演習が終われば、あなた自身のリーダーシップ開発プラン（Personal Leadership Development Plan ＝PLDP）に取りかかる準備が完了です。このプランは変わっていくもので、将来いつでも立ち戻って自分自身の成長具合を確認し、必要なアップデートを行うことができます。生涯を通して、あなたがトゥルーノースの方向を見失うことなく、導いてくれるガイドとなるはずです。

フィールドブックを他の人たちと協力して使ってください

　本書の演習に対する回答は個人的なものです。しかし、私たちは、それらを信頼する人たちと共有して欲しいと思っています。たとえばメンターやコーチ、サポート・チームのメンバーたちです。彼らのフィードバックは、PLDPを作成する際に大変貴重なものになるはずです。

　自分の人生経験や本質的な部分を他の人と共有する際には、多少のリスクを犯してみるのもいいでしょう。つまり、いつもより少しだけ「弱さ」をさらけ出してみるのです。人生経験を共有することで、信じられないくらい自分を解放でき、かつ信頼できる人たちとの絆が深まることがわかりました。

　本書の活用方法をいくつか紹介しておきます。

　（1）個人で、これらの演習を完了させてPLDPを作成できます。

　（2）友人や新しい知人たちとグループで作業ができます。参加する一人ひとりが演習を完了したのちに、メンバーたちとオープンにそれぞれの気づきや学びについて話し合います。さらに、再度演習に戻って、他のメンバーから得た内容を踏まえて、自分の回答をアップデートするのも有益です。

　グループで行う際、専門のファシリテーターにリードしてもらってもいいでしょう。グループ内の議論をガイドするなど、テーマから外れないようにしてもらいます。あるいは、仲間同士でファシリテートし合うグループを作っても良いでしょう。セッションごとにリーダーシップをメンバーが持ち回りで交代するのです。これはビルが開発したアプローチで、ハーバードビジネススクールの「オーセンティック・リーダーシップ・デベ

ロップメントの講義」で、6人のメンバーによるグループで始めました。

（3）さらに学習を深めるために、パーソナル・コーチやメンターと一緒に本書を使うこともできます。経験豊かなパートナーに手伝ってもらえば、学びを深めたり、フィードバックをもらったり、さらにプロセスの本質や原理原則をより理解できるようになります。

（4）職場のチーム内でも使用できます。チームリーダーとして、あなた自身がそれぞれの演習プロセスでグループを導くこともできます。あるいは、プロセスの質をより高めるために、プロのチーム・ビルディング・コンサルタントやファシリテーターを採用してもいいでしょう。

（5）本編である『True North リーダーたちの羅針盤』と併用して、アカデミックな環境や組織におけるリーダー育成の基礎的教材としても使用できます。キャリア開発のどのステージであっても、リーダーを柔軟にサポートします。たとえば、大学生や大学院生を含む若いリーダーたちだけでなく、中間管理職としてのリーダー、つまり基本的なリーダーシップの役割を終えて新たなステージに向かう人たちも含みます。

　大規模なグループの場合には、教授、教師、あるいはリーダー育成のプロといった人たちに、演習内容の構築やグループの指導をしてもらうのもいいでしょう。ニック（共著者）は、これまで多くの時間をさまざまな組織の指導に本書を採用して、大きな成功を収めてきました。また、リーダーシップ開発の教材として、大学やMBA、エグゼクティブコースなどで多くの人が使っています。

最後に、読者の皆さんに向けて……

　自分探しの旅路につく皆さんを、私たちは大いに歓迎したいと思っています。あなたが本書の演習を進めて行く際には、どうか、できるだけ自分自身にオープンに正直になってください。より真摯に取り組み、弱みを一層さらけ出すことができれば、それだけ演習の価値が高まります。人生経験を深く掘り下げる勇気を持ってください。そうすれば、あなたがどれだけ素晴らし

い人物なのか、この世の中であなたにふさわしい場所はどこなのか、そしてどうすればあなたのリーダーシップが周りの人たちにいい影響を与えることができるのか、あなたが誇りを持って、後に続く人たちに何を伝え残したいのか……いろいろなことが見えてくるはずです。

　私たちが多く目にしてきたのは、リーダーたちが永続的な変革を成してきた姿です。彼らはリーダーの旅路を進みながら、21世紀にふさわしい組織や機関を作りあげてきました。ビジネス、政府、教育または宗教など、どの分野でリーダーシップを発揮してきたかにかかわらず、彼ら自身がより自分「らしい・ならでは」の本物のリーダーになるだけではなく、周りにいる人たちが本物のリーダーになるためにも大きな力を与えています。

　あなたが自らのトゥルーノースを発見するために努力を惜しまぬことで、やがてはこの世界はすべての人たちにとって、より良い、そして豊かな場所になるのだと信じてやみません。

　2015年4月

ビル、ニック、スコット

True North リーダーたちの羅針盤 フィールドブック
「オーセンティック・リーダーシップ」を発揮するためのガイド

第3部　成果をあげるリーダーへ

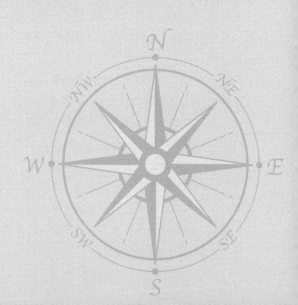

オーセンティック・リーダーシップ開発が必要な理由

私の魂の中で何かに火がつきました…
そして私は自分の道を歩みました、その燃える火が何なのかを知るために。
——パブロ・ネルーダ

あなた「らしい・ならでは」のオーセンティックな、つまり本物のリーダーになることがなぜ重要なのでしょうか？

21世紀という時代でリーダーシップをとることは、20世紀のそれとは大いに異なります。組織に属する人々は劇的に変化し、前世紀の古典的な指揮統制型のリーダーはもはや容認されなくなりました。カリスマ的なリーダーが自分のエゴに基づいたリーダーシップを発揮するのに、心が動かされることはないのです。

過去50年間、私たちの多くはパワフルなリーダーの下で働いてきました。リーダーたちは自分たちがどこに向かっているのかを知っているのだと、私たちは思っていました。ところがあとになってわかったのは、彼らが私たちを破滅的な道へと導いていたこと、あるいは彼らがリードするポジションにいたのは主に自分自身のためであり、私たちの幸福についてはほとんど関心がなかったということでした。

組織が私たちに期待していたのは、こういったリーダーに忠実で、自分がリーダーになる番まで（もし、来るとしたら）、列に並んで待てというものでした。ところが、多くの人たちに、彼らの組織への忠誠心は報われることのない結果を招きました。そして、リーダーを信頼することもなくなりました。私たちの多くはカリスマ的なリーダーたちに魅了され、感銘を受けたのですが、世の中がそういったリーダーたちの個人的な気まぐれに従うことがなくなったときには、私たちまでもが自制心を失っていったのです。

現在、組織に所属する人々は信頼できるオーセンティックなリーダーを求

めているのですが、簡単にだまされたり、すぐに忠誠心を示したりはしません。彼らの多くが知識ワーカーであり、よくあることですが上司よりも知識が豊富です。彼らこそが、自らが一歩踏み出して周囲に影響を与える機会を望んでいるのです。彼らは熱心に働くことを厭（いと）いませんが、自分が信じられる存在価値や理念を持たない組織のためには働きません。なぜなら、仕事に意味や意義を求めているからです。また彼らは、リーダーが信頼に値するかを納得しないかぎりは、決してそのリーダーを信頼することもありません。

　リーダーとして成果を出したいのであれば、あなた自身が本物でなければなりません。そうでない限りは、最高の人材はあなたと一緒に仕事をしたがりません。だからパフォーマンスを発揮することもないでしょう。

　では、成果をあげるオーセンティック・リーダーたちは、何をどう行っているのでしょうか？

- ●共通の目的・目標に沿って組織の人々と力を合わせます。それが、彼らから最高のパフォーマンスを引き出す秘訣です。
- ●共通の価値観で組織の人々を団結させます。だから、彼ら一人ひとりが何を期待されているのかを正確に理解できるのです。
- ●組織の人たちをエンパワーし、彼らが一歩踏み出してリードするように仕向けます。そのため、組織内の全員が大変意欲的になり、最善を尽くします。
- ●すべての関係者たちと常に対話しています。リーダーとしての責任を持って、株主だけでなく、顧客、従業員、地域社会にも関与しています。

　これらは容易なことではありません。リーダーシップのむずかしい側面です。

　リーダーシップに簡単な側面があるとすれば、短期的な数字合わせでしょう。頭の良い人であれば、どうやればいいのかをすぐに理解するでしょう。ところが、人々を正しく束ね、権限を与え、幅広い関係者に奉仕する覚悟を持たせることははるかに困難です。

　リーダーとして本物であれば、好循環が生まれます。最高の人材があなたと一緒に仕事をしたいと思うようになり、その結果、パフォーマンスが向上

し、あなた自身もこれまでにない大きな挑戦ができるようになります。

　肝心なのは、21世紀はオーセンティック・リーダーなしには、組織の成果は持続しないということ。ただし、オーセンティック・リーダーがいれば、その可能性は無限です。

オーセンティック・リーダーとは？

　オーセンティック・リーダーたちは、自らのトゥルーノースに従って周囲の人々を共通の目的や目標に沿って一丸となるように配置し、彼らに権限を与え、それぞれが「らしい・ならでは」のリーダーシップを発揮できるように促します。それがすべての利害関係者にとっての価値へとつながるのです。

　本書の目的は、あなたが自分の人生経験を掘り下げてその本質を知ること、世の中にどう貢献できるかを明らかにすること、あなたの価値観を明確にすること、そしてあなたのリーダーシップの根底にある目的や目標を自覚することです。

　誤解されがちですが、あなた「らしい・ならでは」のオーセンティックなリーダーを目指す旅は、リーダーシップのスタイルを問うものではありません。オーセンティックなリーダーシップとは、自分らしさを貫き、リーダーシップの目的や目標と価値観を知り、それに従って生きることであり、リーダーシップをどれか１つのタイプ（戦略的、戦術的、内向的、外向的など）に当てはめるというものではありません。あなた自身が何者なのか、そのためにあなた自身のトゥルーノースをまずしっかりと自覚することです。そのトゥルーノースが柔軟性を与え、あなたはさまざまな環境の下で優れた成果をあげられるようになるのです。どんな場合でも、あなたはあなた「らしい・ならでは」の自分に誠実であればいいのです。

　あなたが共通の目的や目標と価値観に沿って、周囲をまとめられるのは、あなた自身と組織の目的や目標と価値観が同期しているのだと認識でき、かつ感じとれるときです。そうなれば、彼らはあなたを心底信頼し、関与を深め、より高いレベルのパフォーマンスを発揮してくれるはずです。

　ただし、あなたが完璧でなければならないという意味ではありません。完璧とはほど遠くていいのです。私たち全員がそうであるように、あなたにも弱さがあって当然であり、過ちも犯します。それでもオーセンティック・リ

ーダーとして成功できるのです。自らの欠点を知り、かつ過ちを認めることで、他者とつながり、彼らをエンパワーできるようになります。

　他者がリーダーシップをとれるように彼らの意欲を高めてあげることが、オーセンティック・リーダーシップ開発の最後の要素です。先にも述べましたが、オーセンティックなリーダーたちは、他者がよりオーセンティックになるように手助けをします。だから、本書の目的が達成されたかどうかは、最終的には皆さんが自らのトゥルーノースを発見できる能力を身につけたかどうかによって評価されるのです。

このフィールドブックは、オーセンティック・リーダーに なるために、どのように役立つのか？

　オーセンティック・リーダーとして成長するには、まず自分の人生経験を見直し、その中にあるパターンとインスピレーションを探っていきます。現在のあなた自身のリーダーとしてのプロフィールをしっかりと見極めるために、過去のリーダー経験を振り返ることから学びを得ていきます。なぜ、リーダーたちが道を見失って、策士になるのか。（正当化するために）理論武装するのか。栄光を追求するのか。孤立するのか。あるいは流れ星のようになるのか……これらに共通した理由を探してみてください。人生における重要な試練を特定し見直すし、それらの試練がどのような影響を与え、今のあなたを形成したのか、あなたのリーダーシップを左右しているのかを見いだしていきます。これらの項目は、第1部でカバーしています。

　第2部では、あなたの羅針盤上のトゥルーノースを定義するために、以下の項目に焦点を当てています。

- 自己認識を持ってリードするには、厳しいフィードバックを受け入れ、自分の弱さを認め、そして自らに思いやりを持つことが必要です。これが、オーセンティック・リーダーとして成長するための基盤となります。
- 価値観を通してリードするには、自らのコアとなる価値観、リーダーシップの原則、そして倫理的境界を明確にしなければなりません。
- スイート・スポットでリーダーシップをとるために、あなたが最高の状態でいられるのはいつなのかを明確にします。それには、自身の本質的

な強みと情熱のパターンを見極めなければなりません。

● 他者から知恵を借りてリードするには、ありのままの真実に向き合わなければなりません。ひとりで向き合おうとせずに、サポート・チームに監査してもらうといいでしょう。

● 人生のあらゆる局面においてリードするためには、どの領域にいても同じように振る舞い、公私を統合した人生を送る意味は何なのかを明確にしなければなりません。

第3部では、オーセンティック・リーダーシップの実践に焦点を当てていきます。状況に合わせて適切なリーダーシップのスタイルを選択しながら、志を持ってリードすることから周囲の人たちをエンパワーすることへと移行させます。

　最後に、このガイドで学んだことすべてを使って、あなた独自のリーダーシップ開発プラン（PLDP）を作成してください。

リーダーシップに関する自分自身の考え

　本書は、より自分「らしい・ならでは」のオーセンティック・リーダーを目指す人たちを対象としています。現在、あなたが正式なリーダーシップの

地位にあるかどうかは関係ありません。将来リーダーになりたいと思っていたり、自分自身は必ずしもリーダーではないと思っていてもいいのです。

　いくつか、対照的な例で考えてみましょう。

　「若い頃からリーダーシップに魅力を感じていました」と、アムジェンのケビン・シェアラー最高経営責任者（CEO）は述べています。「10歳の頃、誰かに『大きくなったら何をしたいの？』と聞かれて、『責任をとれる人になりたい』と答えました」。

　「周りの人たちは、私をリーダーとは思っていないでしょう」と、IDEOの創設者デビッド・ケリーは言います。「『リーダー』という言葉は、私には当てはまりません。私はコラボレーターだと思っています。もし問題が起これば、私の周りの優秀な人たちを呼び集めて、部屋を用意して、解決してもらうのですから」。

　あなたはどうでしょうか？　リーダーとしての自分をどう思っていますか？

導入演習A：あなたの人生におけるリーダーシップのイメージ

　解説　まず周囲の人たちを観察することから、リーダーシップとリーダーについて学びます。彼らを観察すると、複数のパターンがあることがわかります。それをもとに、あなたが自分の仕事や生活に取り入れたいリーダーシップの概念を定義します。

　目的　リーダーシップについてすでに知っていること、そして他者を観察して得たリーダーシップに関する暗黙知のいくつかを思い返してみること。

演習A-1　あなたが尊敬する、過去または現在のリーダーを３人挙げてください。以下に彼らの名前を書き、そのあとの質問に答えてください

（実在の人物でいない場合は、歴史上や小説や映画などの登場人物でもいいので、なるべく3人挙げるようにします）。

（回答例：渋沢栄一、実父・大学のゼミ教授）

_____

_____

演習A-2 演習A-1で挙げたリーダーの中で、あなたのリーダーシップ概念に最も大きな影響を与えたのは誰ですか？

_____

演習A-3 それぞれのリーダーについて、あなたの心に刻まれているリーダーシップの具体的な例を挙げてみてください。

1 _____
2 _____
3 _____

演習A-4 それぞれのリーダーに従うことについて、どのような躊躇あるいは懸念がありますか／ありましたか？

1 _____
2 _____
3 _____

演習A-5 彼らがあなた（たち）のリーダーだった状況は、あなたが現在直面している状況と比べてどのように異なっていますか？

_____

_____

演習A-6 オーセンティック、つまり本物のリーダーだと思う2人のリ

ーダーを選んでください。

演習A-7　演習A-6で挙げた2人のリーダーについて、あなたがもし、真似をしたいと思う資質があるとしたら、それぞれ何でしょうか？

演習A-8　逆に（もし、あるとしたら）、どのような資質は避けたいですか？

完璧なリーダーはいない

「ベスト・リーダー」といったリストに頻繁に登場する人たちの体験談には、ときとして驚くようなものがあります。広く称賛されているリーダーにも弱点や苦労はあるものです。成功だけでなく非難されるような失敗をしたり、人間関係や行動においては意外なほど一貫性がなかったり、さらには自らのコア・バリューや原則に対して抗うこともたびたびあるはずです。こういった弱点や苦労があったからといって、インスピレーションの源やロールモデル、または教師になる資格がないのではありません。ただし、リーダーや教師、メンターといった人たちでも、まずは自らの個人的な成長の必要性を知り、かつ理解しないかぎりは、他者の成長を助けることはできません。

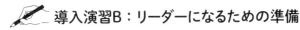 **導入演習B：リーダーになるための準備**

> **目的**　本書に沿って成長するためのスタート地点を設定すること。

演習B-1 あなたがリーダーシップをとる際に、重要だと思う資質は何だと思いますか？

1 _____

2 _____

3 _____

演習B-2 あなたが持っているリーダーシップの資質のうち、さらに伸ばしたいと思うものを挙げてください。

1 _____

2 _____

3 _____

解説 重要なのは、あなたが役立てたいと思う資質を心に留めておくことです。本書が目指すのは、よりオーセンティックで成果を出すリーダーになりたいという、あなたの熱望を実現できるように手助けすることです。誰ひとりとして、あなたが望むリーダーシップの資質を与えることはできません。資質はすでにあなた自身の中にあるからです。本書に沿って学ぶことが、それらの資質をより明確に理解する手助けとなります。また、自分自身について、好ましく受け入れたい側面と、反対に必ずしも好ましくなく変えていきたい側面を明確に峻別できる一助にもなります。

リーダーシップへの旅からの学び

　第1部で、リーダーシップの旅をスタートさせます。これまでの一般的なリーダーシップの道標を思い切って超えていきます。人生経験を掘り下げ、道を見失った経験から学びを引き出し、試練に心を開いて向き合うことで乗り超えてください。

第1部
リーダーシップへの旅

問題に巻き込まれ、なす術がすべてなくなったときに、
何が重要で、誰が重要なのかに気づきます。
そんなときこそ、自分の根源と価値観に立ち返らねばなりません。
——デビッド・ガーゲン、4人の米国大統領に仕えた顧問

あなたの人生経験（ライフストーリー）が、あなたのリーダーシップの
基盤となります。あなた「らしい・ならでは」のオーセンティックなリー
ダー、つまり本物のリーダーへと進化するスタートは、人生経験と成長期
の原体験を分析することです。過去を振り返ることで、自分自身をより明
確に見すえ、リーダーシップの成果とは何かを理解するツールが得られ、
今後の進化のための目標を定められるのです。

本書の第1部では、あなた自身の人生経験から始めていきます。

第1章　人生経験

第2章　道を見失う

第3章　試練

第1章

人生経験

> 私たちは、自分が経験したことのすべてが
> モザイクのように寄せ集まってできているのです。
> ——ケビン・シェアラー、アムジェン会長兼最高経営責任者(CEO)

　トゥルーノースに従うリーダーへのプロセスは、「あなたは何者ですか？」という根本的な質問に向き合うことから始まります。

　初めて会った人に、「あなたのことを少し教えてください」と言われたら、どう答えますか？　あなたが大多数の人と同じだとしたら、きっと人生経験のハイライトを選んで話をするでしょう。いろいろな意味で、私たちは他者に語る自分自身のストーリーそのものです。

　この章では、自分が何者であるかをより深く理解するために、これまでの人生を振り返ります。人生経験のさまざまな側面がどのように組み合わさって、唯一無二の人物としてあなたが存在しているのかを探っていきます。ここを出発点として、自己認識を大いに高め、自分の人生とリーダーシップとは何かを理解してください。

　トゥルーノースを目指す125人のオーセンティック・リーダーたちに実施したインタビューと、改訂版のために追加した30人へのインタビューの中でリーダーたちは一貫して、自分の人生経験を掘り下げることでリーダーシップの志やミッションを見つけたと語っています。自身の個人的な人生経験の意味を明確に理解したからこそ、彼らはしっかりと地に足をつけて、トゥルーノースを目指し続けてこられたのです。

　こういったリーダーたちは、既存のリストにあるような性格や気質、あるいはスタイルで自らを定義してはいません。中には人生の早い段階で、偉大なリーダーに倣おうとする人もいましたが、他の人を模倣してもリーダーとしての成果が向上しないのだとすぐに気づいています。

　一部のインタビュー対象者は、周囲からは典型的なリーダーだと思われて

いたにもかかわらず、自分自身がリーダーだとは全く考えていませんでした。自分たちはリーダーではなく、変化を仕掛けたい、そして人々をインスパイア（触発奨励）しながら共通の目的に向かって一緒に働いて欲しいのだと語っています。彼らは人生経験を理解して整理し、その中からリーダーシップを執る情熱を引き出して、自らのトゥルーノースを発見できたのです。

演習1.1：あなたが辿ってきた人生

　最初の演習では、これまであなたが辿ってきた人生を描いてみます。どのように描けばよいかは、図1.1の例を参照してください。別紙を用意して、まずページの左下隅に「誕生」、右上隅に「現在」というラベルを書き込みます。隅から隅までを使って、あなたが人生で歩んできた道を描いてみましょう。

　では、あなたのこれまでの人生を絵図に描いてみましょう。あなたの人生を表すものにしてください。山と谷、都市と田舎、分岐道、橋、崖なども描き込んで、そのときどきを表すものを加えていきます。あなたが住んでいた家や、働いていた会社や場所も記入します。同様に、重要な人物やできごとを、写真や図などを使い、道に沿わせたりしながら示してください。家族、仕事、趣味、精神生活など、あなたにとって意味のあるものは全て描き込んでください。

　創造力を発揮して、あなたのこれまでの人生が目の前に展開されるものにします。

　次に、描いた人生の絵図を見て、大きな変化や重要な転換ごとに４つか５つの章に区切って、それぞれの章にわかりやすいタイトルをつけて書き込んでください。

図1.1　人生行路（例）

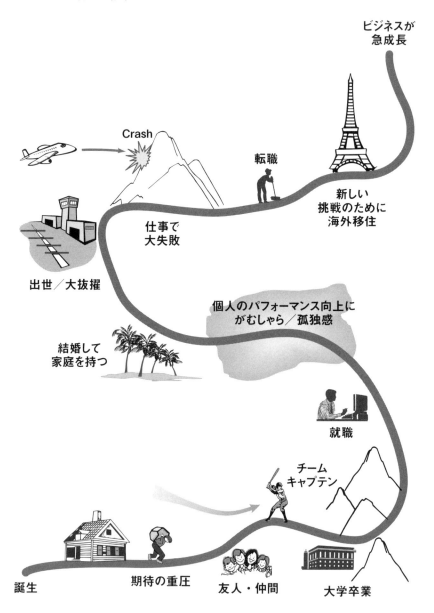

人生経験から学ぶ

> あなたの人生経験が、あなたの人生ではありません。
> あなた自身の物語なのです。
> ──ジョン・バース、小説家

　私たちが本物の自分を発見したいと思うのなら、自分の人生経験を掘り下げることが良いスタートになります。ライフストーリーは自分の経験の記録ですが、自分が理解できるだけでなく、他人に伝えられる形式にします。

　人生を絵図に描きながら経験したように、人生の物語をまとめるのは決して簡単ではありません。小説家のジョン・バースが言うように、物語が私たちの人生なのではありません。それらは他人の目を意識したものであり、そのため多くの脚色の部分も含まれています。つまり、その物語が唯一の真実でも、正しいものでもないのです。

「あなた自身があなたの人生を綴る著者である」というフレーズを聞いたことがあるでしょう。演習1.1で描いた人生を見返してから、次の質問の答えを考えてみてください。

- ●絵図に描き込んだ人生は、複数あるあなたの物語の筋書きのうち、どれを選んだものですか？
- ●描き込むものとそうでないものを、どのように決めましたか？
- ●描かなかったもの（欠けているもの）は何でしょうか？　また、そう思う理由は？
- ●人生行路を描くときに頭に浮かんだすべてのバージョンを思い起こしてください。
  - ▶どのバージョンが本当のあなたを反映しているでしょうか？
  - ▶今回、最終的に描くことにしたバージョンを振り返って、自分自身について学んだことは何でしょうか？
- ●今回、描いたあなたの人生行路を見聞きするのは、どのような人たちなのかを考えましたか？
- ●もし、違う誰かに見られることがわかっていたとしたら、あなたは違う人生行路を描いたと思いますか？

●もし、最も近しい友だちに見せるために描いたとしたら、どのように違っていたでしょうか？　その相手があなたの上司／先生だったとしたら？　ご両親では？　あなたのパートナーでは？　将来の雇用主では？　今後つき合うかもしれない相手では？　新聞記者では？

　私たちの人生経験というのは、過去の回想で構成された個人的な物語です。しかも、私たちの記憶は完璧とはほど遠いもので、その物語は自由にいかようにも書き換えることができます。ただし、前後関係や背景をおろそかにしてはいけません。そして、自分たちが何者であるのか、物語を誰とシェアしたいと思っているのかが大きく影響します。自分自身について語る複数のエピソードの中で、最も役立つものはどれでしょうか？

　私たちの目的を達成するために有用なのは、自分を勝者や敗者、または知識ある傍観者に見立てて、それぞれ区別して描いてみることです。勝者や敗者の視点よりも、思いやりと知識のある傍観者の視点を養うことができれば、その視点で語られる物語がもっとも有用だと言えます。あなたが勝者なら、取り組むべきことを見逃すかもしれません。敗者だったら、自分の強みを見逃しているはずです。知識ある傍観者であれば、あなたが自分自身の親友やメンターになることができます。つまり、あなたのことをよく知っていて、手心を加えることなく、でも絶対的な味方になってくれます。この視点を採用することが、自分のトゥルーノースの発見という目的には最も適しています。

　では次に、人生の中で最も重要なリーダー、つまり「あなた」自身のリーダーとしての経験に焦点を移しましょう。

演習1.2：リーダーシップについて学ぶ

　あなたの人生経験を振り返り、リーダーになる機会を持ったときのことを思い出してください。正式な責任を持った立場の場合もあれば、単に人前に出て影響を与える役割を果たしたときの経験かもしれません。その中から、あなたが最も誇りに思うリーダーシップの経験を要約していきます。この演習では、その当時に遡って、それが今あなたに起こっているかのように説明

します。

演習1.2-1 最も誇りに思うリーダーシップの経験は、どのような状況や設定での経験でしたか？

_____

_____

演習1.2-2 あなたがリーダーシップをとるきっかけ、つまり一歩踏み出して、リードすることになった要因は何でしたか？

_____

_____

演習1.2-3 どのような結果になりましたか？ たとえば、周りの人たちやチーム、または組織内部で何が変わったりしましたか？

_____

_____

演習1.2-4 初めてリーダーシップをとる状況になった時はどう感じましたか？

_____

演習1.2-5 結果が出た後は、どう感じましたか？

_____

演習1.2-6 この経験から、あなた自身のリーダーシップについてどのような学びや気づきを得ましたか？

_____

_____

自分の物語をつづることは、オーセンティック・リーダーシップ開

発の重要な部分です。物語に書き留めておくと、のちのちに参考できるポイントが得られ、自分自身を改めて見つめなおすことに役立ちます。

　上で記述した経験をより深く掘り下げていきます。さらに深い学びや気づきが得られるはずです。

演習1.2-7　どのようなリーダーシップの資質を、そのときの課題や状況に対して使いましたか？　結果への影響と合わせて記述してください。

リーダーシップの資質	結果への影響

演習1.2-8　あなたがさきほど関連づけた経験を参照しながら、次の項目についてあなた自身を1〜5のスコア（1＝全くそうではない、5＝非常に強くそう思う）を使って、評価してください。評価項目は、本編『True North　リーダーたちの羅針盤』中の「オーセンティックなリーダーシップの項目」を利用しています。

評価項目	スコア
私は自分の目的・目標を自覚していた	
私は自分の価値観を実践した	
私は自分のモチベーションを自覚していた	
私は自分のサポート・チームを活用した	
私は、公私を統合した人生を送るリーダーだ	

　では、あなたが自らのメンターになってみましょう。最も誇りに思う経験

（演習1.2-1）を「その経験以来、リーダーになった」という視点で再度観察してみます。

演習1.2-9　その当時、あなたが自分自身のメンターだったとしたら、どのようなアドバイスをしたでしょうか？

演習1.2-10　その経験であなたが大変うまくやれたと思うことを 1 つ記述してください。

演習1.2-11　もっとうまくできたかもしれないことを 1 つ記述してください。

演習1.2-12　次回、試したいと思うことを 1 つ記述してください。

　この演習であなたは、リーダーとして最高の状態にある「自分」を理解するための重要な一歩を踏み出しました。このように体系化された省察を行うことが重要なレッスンであり、より進化したオーセンティック・リーダーになる旅路の核となります。

オーセンティシティ（本物の度合い）とリーダーシップの関係

　オーセンティシティとリーダーシップはどのような関係にあるでしょうか？

　1970年代後半、「スクラッチ＆スニフ」（引っ掻いて嗅ぐ）と呼ばれるユニークな広告スキームが人気を博していました。商品や雑誌のページに貼られた小さなシールやダンボールに香料のコーティングを施したものです。コーティングしてある部分を引っ掻くと、商品のイメージやその匂いに関するメ

ッセージを連想するような香りが放出される仕組みでした。私たちは生まれ
ながらにして、信じられないほど精巧なスクラッチ＆スニフ計器（BS計器
とも呼ばれます）を持っていて、誰かに会うと自覚しているかどうかにかか
わらず、すぐにその人物が本物かどうかを評価し始めるのです。

　彼らが言っていることは本当か？　彼らが販売しているものを購入して
いいのか？　この人物を信頼していいのか？

　オーセンティシティがリーダーシップにもたらす効果は単純明快です。私
たちが自分のリーダーたちを引っ掻いて嗅ぎ分け、「本物」であると判断す
れば、彼らをリスペクトし、従う可能性が高くなります。とてもシンプルで
す。リーダーたちの政治や意見に同意せず、また必ずしも彼らのスタイルを
高く評価していなくても、彼らが透明で信頼できる本物、つまり、オーセン
ティックであると判断できれば、有意義な関係を構築するための必要条件が
揃ったことになります。スクラッチ＆スニフのテストに合格しなかったリー
ダーが成功することはほとんどないと言っていいでしょう。

演習1.3：オーセンティシティとリーダーシップの効果

> **目的**　オーセンティシティがリーダーシップに与える影響について、
> あなたはどう考えているかを検討すること。

演習1.3-1　あなたの人生において大切な人を3人挙げて、スクラッチ＆
スニフ計器にどのように映るのかを1〜5のスコアで評価してください。

5段階スコア：1＝偽物／怪しい〜5＝オーセンティック／本物

名前	スコア
1	
2	
3	

演習1.3-2　上で挙げた3人に、あなた自身が彼らのスクラッチ＆スニフ
計器にどのように映るのかを聞いてください。彼らの名前とそれぞれの評

価を記録しておいてください。

5段階スコア：1＝偽物／怪しい〜5＝オーセンティック／本物

名前	スコア
1	
2	
3	

オーセンティック・リーダーシップへの旅

　経験は最高の教師だとよく耳にします。ところが、経験は必ずしも親切な、または明快な教師とは限りません。あなたの人生経験は、社会における経験の記録です。前半と後半を比較してみると、対照的であることに気づくでしょう。ある段階では、あなたはリーダーになるための準備をしていたかもしれません。別の段階ではリードすることに、または単に世の中で成功することに集中していたかもしれません。いくつかの通過点は、教育または見習いの時期として見なされるかもしれません。その当時のあなたの活動は、ある枠組みの中で規制されていたり、評価されていたことでしょう。後半は異なる状況になっているはずです。おそらく責任が増え、その代わりにルールや枠組みに縛られることは少なくなっているでしょう。

　興味深いことに、教室外で経験したことのほとんどに関しては、振り返ってみて初めて学習経験だったと認識できます。その場では、準備やトレーニングをしているという感覚は、多分持たないかもしれません。あなたは人生の真っただ中にいます。だから、それぞれの状況や危機に内在する可能性に目を向ければ、毎日がトゥルーノースに向かう旅路のレッスンになるのです。

　ここで、少し違った角度からあなたの人生を見てみましょう。今度は人工衛星ほど高いところから俯瞰して、人生の全体像を観察するように語ってみてください。この自己省察はキャリアや仕事に関連した側面だけに、限定しないようにしてください。オーセンティックなリーダーたちへのインタビューを通じてわかったことですが、多くの場合、幼少期の経験が人格形成やどういうタイプのリーダーになったかの要因、そして彼らのトゥルーノースの

形成に最も顕著な影響を与えていました。

 ## 演習1.4：あなたの人生経験

> **目的**　演習1.1で描いた人生の各章を掘り下げ、自身のアイデンティティに最も大きな影響を与えた人々、できごと、経験を特定していく。

演習1.4-1　あなたの人生に最も大きな影響を与えた人々、できごと、経験を記述してください。

_____

_____

_____

　さらに絞り込んで、主要なポイントを取り出します。各章を順番に検討しながら、あなたの人生の中核となるレッスンを特定するプロセスをガイドしていきます。演習1.4-1の質問で作ったリスト、人生の絵図を描いたことで得た学びや気づき、さらにこれから行う内省プロセスの中で思い浮かぶポイントも反映させます。

　表1.1の左側の項目に沿って、第1章から順番に完成させてください。

表1.1 人生経験のインパクト

	第1章	第2章	第3章	第4章	第5章
章のタイトル					
他者／世の中について、この章から学んだコア・レッスン					
あなた自身について、この章から学んだコア・レッスン					

もし以前に戻れるとしたら、違う方法でやりたいこと				
この章の中の私の人生経験から得た重要なインサイトは、現在でも次のような形で私に影響を与えていること				

　表全体を見て、リーダーシップの始まりがどこだったのかを確認します。まだ正式な形でリードする機会はなかったとしても問題ありません。広い意味で考えればいいのです。権限を持つ正式なポジションに就いたことがなくても、自分がやらなければならないと気づいたときに一歩踏み出して、他の人に影響を与ながら、実行したケースがあったはずです。それがリードすることです。リーダーシップを、権限を持つ立場にある人々だけがとる行動だと狭義に定義する時代はとうの昔に過ぎ去っています。

演習1.4-2　自分がリーダーだと最初に気づいたのはいつでしたか？

演習1.4-3　その状態は時間の経過とともに、どのように進展していきましたか？

　あなたの人生で最も重要な人たちに焦点を当てます。両親、兄弟姉妹、家族、メンター、友人たちなど、あなたが目指すリーダーシップと情熱に、その人たちが与えた影響について考えてください。

演習1.4-4　あなたのリーダーシップに、最も大きな影響を与えたのは誰ですか？

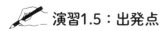

演習1.5：出発点

　あなたは今、リーダーとして成長する過程のどの辺りにいると思いますか？　これまでに一度もリーダーになったことがないと感じていようと、経験豊富な履歴を持っていようと、それは関係ありません。私たち全員が現在進行中です。リーダーとしての私たちの成長は続いていて、創発的なプロセスの中にいます。これから本書で取り組んでいく基礎固めのために、自分自身にできる限り正直になって、次の質問に答えてください。

演習1.5-1　あなたは今、リーダーシップの旅のどの辺りにいると思いますか？
（回答例：初心者、一人前、レジェンドなど）

　　　　　　　　　　　　　　　　　　　　　　　　　　　　　　　　

リードしたいという気持ちの強さはどの程度ですか？
（回答例　よくわからない、かなり強い、自信がある）

　　　　　　　　　　　　　　　　　　　　　　　　　　　　　　　　

自分はどのようなリーダーだと説明しますか？

　　　　　　　　　　　　　　　　　　　　　　　　　　　　　　　　

　　　　　　　　　　　　　　　　　　　　　　　　　　　　　　　　

あなたの人生経験を基盤にリーダーシップを構築する

　トゥルーノースを見つける旅は、バックミラーを見ることから始まります。人生における経験は、リーダー開発という工場に豊かで価値あるものを提供してくれます。私たちの大部分は自らが語る物語でできています。自分の物語に深い理解と安心感を得ることが、よりオーセンティックな人間かつ

リーダーになるための第一歩です。

　これまでの人生を目の前に広げてみること自体が、大きな経験になるでしょう。立ち止まって、自分たちの旅を見ることを私たちはめったにしません。人生経験というレンズを通して、あなたの人生の目的や価値観、そしてモチベーションの源泉を見始めるのです。目的や価値観、モチベーションのいくつかは、あなたが最も誇らしいと思うリーダーシップの経験から出たはずです。その他にも、リーダーシップに直接関係はないと思われる、人生における何か別の大きなできごとから生まれるかもしれません。

　リーダーシップ論の第一人者であるウォーレン・ベニスがそのことを思い出させてくれます。「リーダーになるプロセスは、統合された人間になるプロセスとほとんど同じだ」。このプロセスは、それぞれの人生の物語で始まり、そして物語で終わるのです。

　次の2つの章ではあなたの物語をさらに深く掘り下げていきます。そのため演習では心地よくないテーマにも取り組んでもらうことになります。たとえば、リーダーシップに潜む危険や逆境からのレッスンなど。勇気を要しますが、どのように「道を見失ってしまう」のかを探り、人生で最も困難な経験に立ち戻ることで、あなたのトゥルーノースにある本質と明瞭さがもたらされるはずです。

☞ キーポイント ━━━━━━━━━━━━━━━━━━━━●

- ●私たちは、自らが語る物語の作者です。
- ●自らの経験から学ぶことが、リーダーとしての成長の鍵を握っています。
- ●自らのストーリーからしっかりと学ぶためには、勝者と敗者両方の視点から離れることが重要です。知識ある傍観者の視点を取り入れることで、本当の自分が見える可能性が高くなります。
- ●過去におけるリーダーシップの経験は、本物のリーダーになる可能性を発見する道筋を示してくれます。
- ●あなた自身の人生における各章（演習1.1）には、トゥルーノースの発見に役立つ、極めて重要なレッスンが含まれています。

第2章

道を見失う

それはまるで誰かが、私の最悪の部分に鏡を向けているようでした。
私が直面したのは、ぞっとするようなものでしたが、
とても大きな教訓でもあったのです。
——ダグラス・ベイカー・ジュニア、エコラボ会長兼CEO

　リーダーシップ開発は、難題だらけの道を通る旅です。すべてのリーダーたちは、たとえオーセンティック、つまり本物であっても旅の途中では重大な危険に直面します。

　人間である以上、私たちはどうしても報酬を求めたり、悪い結果は避けようとします。社会的な支持と称賛に価値を置きがちになるのが一般的な傾向ですが、抑制しないままにしておくと、私たちの個人生活と職業生活の両方に破滅が訪れかねません。

　オーセンティックなリーダーでありたければ、問題行動につながってしまう共通した行動パターンに気づき、それを克服できるように努めなければなりません。道を見失ってしまうリーダーたちは、リーダーシップが持つ負の誘惑に屈し、破滅的な傾向に浮かれ騒ぐようになります。それがやがては自らの凋落につながるのです。

　幸いなことに、私たちは間違いを犯して、これらの危険の餌食になったとしても、足場を取り戻し、道を歩み続けられます。事実、こういった間違いは、特にキャリアの早い段階で発生した場合であれば成長の重要なチャンスになり得ます。何が間違いなのかがわかれば、潜在する脱線の原因をキャリアの早い段階で理解できるため、より権限のある地位に就いたときに大きな間違いを犯す確率を減らせます。これらの危険を認識し回避するために十分な努力をすれば、さらに深刻で破壊的なパターンに巻き込まれる確率は低くなり、オーセンティックなリーダーになる確率が一段と高くなるはずです。

ヒーローの旅について

　私たちが行ったオーセンティック・リーダーに関する研究を通じて、彼らの物語の中には顕著な特徴があることがわかりました。彼らが語る物語の前半は、神話学者のジョーゼフ・キャンベルが「英雄の旅」と呼ぶパターンに符号しています。多くのリーダーたちは、キャリアの初期には全てを征服するヒーローになりたいと取り組みます。第一に自分自身、つまり自分の能力、業績・成果、報酬を重視しているのです。

　ヒーローの旅からの転換は、個人として貢献する立場からリーダーや管理職への最初の飛躍に似ています。私たちのほとんどは、まず個人として大きな貢献をすることでリーダーになる権限を与えられます。私たちは、自力で仕事を完遂する技術や能力を買われて雇われます。研究論文を書くとか、スライドの資料集を作成するとか、表計算で数値の試算をするとか、何かに秀でていれば、多くの場合に昇進やリーダーになる機会につながっていきます。でも、それが問題なのです。

　ヒーローであること、つまり見事に仕事をこなし、ひとりで困難に立ち向かい、注目を集めることが、最初は成功への最善のルートのように見えるかもしれません。でも、ヒーローを演じられるのは最初の段階だけであって、そこを通り抜けて初めて、オーセンティック・リーダーになる旅が始まるのです。ヒーローになることは必要ではあっても、それは一時的な段階であり、ヒーローゆえの一連のリスク、誘惑、そして不正行為を伴う段階でもあります。私たちの多くが経験する段階ですが、やがてはそれを超えなければなりません。

ヒーローになる罠に陥る

　ヒーローの段階に潜む多くの危険について、ノバルティス社のCEOであるダニエル・バセラが『フォーチュン誌』とのインタビューで次のようにくわしく述べています。

　四半期ごとの業績を上げることにとらわれてしまうと、自分では気づかないうちに、企業の長期的な発展に欠かせない重要事項を犠牲にし始めます。このサイクルを生む犯人は、失敗の恐れというよりは、

むしろ成功への渇望でしょう。

　私たちの多くは、成功経営者であるという思いに酔ってしまうのです。典型的なパターンですが、称賛されると自分への確信が生まれ、やがて、思い上がりに変わっていきます。良い結果を出せば、称賛されるのが普通です。そして乾杯のシャンパンが傾けられる中心に自分がいるのだと思い込むようになるのです。外部から偶像化され、そして記事にそう書かれた内容が真実だと思ってしまっても不思議ではありません。

リーフ、C.「誘惑は私たちの周りにある」『フォーチュン』　2002年11月18日

　ヒーローの段階を通過したリーダーたちは、周囲の人たちを大切にすることを身につけていきます。権限を委譲して部下を育て、一段と大きな志やミッションを意識するようになり、複数のサポート・ネットワークを作り、そして視点をぶらさず地に足をつける仕組みを築いていきます。やがて、従業員や同僚たちが信頼し一緒に働きたいと思うようになるのです。

　ヒーローの段階は成長過程であって、この章で説明する5つの危険に対して特に脆弱です。あなたがヒーローの段階にいるか、すでにその先に進んでいると思っているかにかかわらず、これらの強力な罠が仕掛ける根深い誘惑に対して、常に無防備な状態であることに変わりありません。

リーダーとしての成長プロセスに潜む5つの危険

　5つの典型的な危険……破滅的行動によく見られ、すぐにそれだとわかるパターンです。特にヒーローの段階ではこれらの危険に誘惑されがちです。

- ●策士型
- ●（正当化する）理論武装型
- ●栄光追求型
- ●孤立型
- ●流れ星型

　私たちは他者の中にこういったタイプを見いだすことができます。ところが、成長するための課題は、これらのタイプを自分自身の中に見いだせるかどうかです。5つの危険の原因は、ある程度までは、健全な目標を追求する際にすべての若いリーダーが直面する自然発生的な一連の懸念によるものと言えるでしょう。

　表2.1は、目標の一部と、それらにまつわる懸念を示したものです。それぞれの懸念について、破滅的な反応と健全な反応の両方を概説しています。続くセクションで、それぞれの危険について順に解説していきます。

表2.1：一般的な目標と懸念に関する破滅的な反応と健全な反応

目標	懸念	破滅的な反応	健全な反応
上司からのリスペクトと報酬を求める。	間違いを犯し、自分のスキルや知識の不足が露呈される。	策士型 （「自己認識を深める」に取り組もう）。	〈自己責任のリーダー〉
物事がうまくいくことを望む。	非難され、その結果に苦しむ。	理論武装型 （「自分の価値観を生きる」に取り組もう）。	〈正直で率直〉
共有できる成功に喜びを感じる。	十分な報酬が得られない。	栄光追求型 （「スイート・スポットを見つける」に取り組もう）。	〈「私たち」に焦点を当てるリーダー〉
相互依存の関係で成功する。	他人に依存しすぎる。	孤立型 （「サポート・チームを作る」に取り組もう）。	〈チームリーダー〉
成功を出世に生かしたい。	他の人に遅れをとっている。	流れ星型 （「公私／人生を統合させる」に取り組もう）。	〈期待の星〉

〈策士型〉

　リーダー役を初めて引き受けるとき、「準備万端だ」と思っているリーダーは少ないはずです。リーダーとしての一歩を踏み出すためには、今いる心地よい場所から抜け出さなければなりません。新しい挑戦、特に自分が他者への責任を負うような挑戦であれば、ごく当たり前のことです。この挑戦にどう対応するかによって、本物で信頼できるリーダーとして経験を積むのか、はたまた神経質で政治的になってしまうのかが決まります。

　策士的であると、何ごとにも躊躇が伴いがちです。猜疑的になってしまい、行動を起こせなくなるため、悪い結果へとつながっていきます。こういった危険に気づいて克服しない限りは、批評する人たちを攻撃したり、組織内のフィードバックすら受け入れられなくなってしまいます。あなたの最も有能な部下たちでさえ、貢献できないことに苛立ちを感じて、中にはより好ましい環境の組織（企業など）へと移っていく者も出てくるかもしれません。一方、組織に残っている部下たちは、あなたが決定を下すのをただ待つだけになるでしょう。

　自己認識に欠けたリーダーたちは策士的になりがちです。力を手にしたとしても、それをどのように活用すればいいのかが気詰まりになり、自信が持てません。リーダーシップに伴う責任には常に疑問がつきまといます。策士型の強みの1つは、内部の競争相手を打ち負かすことです。そのため、逆に部下から出し抜かれるのではと猜疑的になるリスクに陥ってしまいます。

　新しい状況に対処しなければならないときに、どうしても猜疑的になることを多くの人が経験しているでしょう。私たちは得てして非常に競争心が強く、組織内で目立つためには他の人よりも優秀でなければならないと思ってしまいがちです。健全でオーセンティックなリーダーでさえも同様の悩みを抱えています。つまり、自分の能力に不安を感じる、新しい課題に自力で対処できるかどうかに懸念を抱く、個人的には疑いを持っていても公的には信用や信頼を示さなければならない、新しい分野の知識やスキルを身につける必要がある、など。こういった疑問や不安が行動の原動力として最優先されてしまうと、心の中に潜んでいた破滅的なパターンが表に現れてきます。

> **策士型**
>
> 　策士型の人たちは、多くの場合、自己認識と自尊心に欠けています。彼らは自己反省する気がないため、個人的な成長が遅れてしまいがちです。狡猾さと攻撃性を駆使して、組織内での出世の道を開いていきます。策士型はそういった戦略で権力の地位を獲得しますが、その権力を組織の利益のためにどのように使っていいのかがわかっていません。
>
> 　彼らは競争相手を打ち負かすのに忙しすぎたため、リードする方法を学んでこなかったのです。この危険に屈したリーダーたちは、出世のために政治力を行使し、誰にも邪魔させないようにします。彼らは非常に政治的で、競争相手が誰であるかを見抜くことに長けていて、邪魔だと思う一人ひとりを排除していきます。

 ## 演習2.1：策士型を見分ける

> **目的**　あなたの人生経験の中から、策士型の特徴を見分けることに焦点を当てること。

演習2.1-1　自己不信になって決断を下すのがむずかしいと感じた状況を述べてください。

_____

_____

演習2.1-2　そのとき、あなたが自分には決断できないと思ったことは何だったのですか？

_____

_____

演習2.1-3　もし、あなたが失敗したら、同僚たちはどう反応すると思いましたか？

演習2.1-4　実際にはどのように対処しましたか？

演習2.1-5　今日現在、もしあなたが同じような立場にいたとしたら、どういう違った行動をとりますか？

　この演習では、自己認識に対する大きな課題に直面したときのエピソードを特定します。リーダーであれば、しばしば自己不信に陥りはしますが、実際の自分とは異なる自分を演じようとはしないものです。そうでないリーダーに出会ったことはないはずです。

　表2.2の中で、あなた自身の現在のリーダーシップの特徴に当てはまるものを各行ごとに1つ選んで○（マル）で囲んでください。

表2.2：策士型の指標：自己不信への取り組み

	健全な取り組み	早期警告サイン	緊急警告サイン
1	可能な限り最善の決定をタイムリーに行う。	完璧な解決策を求めようとして、意思決定が長引いてしまう。	決定を下すときに、猜疑的になってしまう。
2	目標を達成するために必要な能力と照らし合わせて、自分の今の能力を測定する。	自分の能力より、競争相手の能力を測定する。	政治的内紛の方をあなたの成長よりも優先する。
3	私は実践可能で適切な、成長に役立つフィードバックを得られるように努める。	フィードバックを得ることを先延ばしする。	成長のためのフィードバックとは言え、反発してしまう。

4	さまざまな人から意見を聞いたあとで、自分の最善の決定を下す。	どんな意見が出てくるのかわかっている場合のみ、人の意見を求める。	他人の忠告はめったに聞かない。

→「早期警告サイン」「緊急警告サイン」の列にある例を○で囲んだ場合は、第4章「自己認識」に、特に注意を払うようにします。

〈(正当化する) 理論武装型〉

　このタイプのリーダーは正当化しようとして道から外れてしまい、思い通りに物事が運ばないと外部や他人を責めてしまいがちです。まず、問題の存在を否定します。そして、問題が実際に起こっていて、さらに自分に責任があるとわかると、本能的に問題を隠蔽（いんぺい）し、問題の深刻さを軽減しようとします。事態が悪化する可能性があることを自ら認めたくないのです。正当化するのが習慣になると、問題や失敗の責任を負うために尽力することがますます困難になります。こういった状況になると、周囲はあなたの行動と価値観が一致しているか、そしてあなたが掲げる信念に見合っているのかどうかを判断し始めます。

　リーダーの立場でありながら結果を正当化し続けると、組織内の他の人たちもまた問題自体を正当化し始め、問題に向き合わなくなるかもしれません。こういったパターンは、グループまたは組織全体に急速に広がっていきます。そうなってしまえば、もはや誰かに説明責任を持たせるのはほぼ不可能になります。その時点で、自己を正当化する人たちは、問題自体を適切に処理することよりも、部下にプレッシャーを転嫁することで対処しようとします。

　それでも思うような結果が出ないと、短期的な目標達成のために、研究や成長戦略、組織構築のための予算を削るといった短期戦略を使います。次期の業績から前借りをして、当期の数値を見栄えよくしたり、さらには会計原則を拡大解釈するかもしれません。将来的に埋め合わせできるからと正当化しても、正当化の危険要素を克服できないリーダーたちは、結局は自らの正当化の犠牲者になってしまうのです。

　自分自身の価値観、リーダーシップの原則、および倫理的境界を明確に持たないリーダーたちは、正当化の危険に対してとりわけ脆弱です。寛容になれず、自分の行動に堅牢な境界線を設けていないため、往々にして結果が良

ければ手段は正当化できるのだと自らを納得させようとします。しかし、それでは最終的な目的は達成されません。そういう手段ではオーセンティック・リーダーシップはとれません。

　自らの価値観や願望に一貫して沿っていくのは、とてもむずかしいことです。すべてのリーダーは競合する価値観との間でむずかしい選択を余儀なくされますが、常に正しい決断を下せるわけではありません。時間をかけて物事を整理して、競合する価値観や原則の間に生じる葛藤をしっかりと把握できるところまで落とし込んで、それからベストを尽くして葛藤を意図的に和らげる努力をすること。これがオーセンティック・リーダーである証しです。ただし、このプロセスを自己正当化のために辿るのであれば、きっと道を見失ってしまうでしょう。

（正当化する）理論武装型

　このタイプのリーダーは、自分の過ちを認めることができません。失敗と見なされたり、仕事を失うのを恐れているからです。彼らは、後退や失敗の責任を受け入れられないため、問題を正当化させてしまい、現実と向き合おうとしません。こういった正当化は多くの場合、物事をねじ曲げるとか、他の人たちの正当化を促すことにもなります。

 ## 演習2.2：（正当化する）理論武装型を見分ける

> **目的**　どのようなときに、あなたは自分の行動を正当化するのかを見分けることに焦点を当てること。

演習2.2-1　正当化したために、自分の価値観から外れてしまったときの状況を説明してください。

_____

_____

演習2.2-2　自分の価値観とは、どのようなものでしたか？

演習2.2-3　その当時、どのような気持ちになりましたか？

演習2.2-4　どのような結果になりましたか？

演習2.2-5　今日現在、あなたが同じような立場にいたとしたら、違う行動をとるために何をするでしょうか？

　表2.3で、むずかしい決定に直面した場合、あなた自身に最も当てはまる項目を各行ごとに1つ選んで○（マル）で囲んでください。

表2.3：理論武装型の指標：むずかしい決断を下すためのアプローチ

	健全なアプローチ	早期警告サイン	緊急警告サイン
1	自分の決定から出たさまざまな結果を受け入れる。	間違いから学び、先に進むのがむずかしいと感じることがよくある。	間違いを認めることができない。
2	決断を下すときには、手段と目的を比較・検討する。	間違いから学び、先に進むのがむずかしいと感じることがよくある。	自分の目標を達成するために何でもする。つまり、結果が良ければどんな方法も許される。
3	適切なリスクはとる。だから、いくつかのチャンスを逃すこともある。	無謀なリスクをとるため、結果のつじつまを合わせるために将来から（物事や数値の）前借りする。	自分の個人的な目標を達成するために、他人を危険にさらしてきた。

4	しばしば危機的状況になることがある。	私は、危機的な状況で最も力を発揮する。	短期的な戦略を必要とする絶え間ない危機的状況の中で働いている。
5	間違いの責任を負い、それに対処し、他の人たちにも同じように行動するように促す。	支援が得られず起こった問題や過ちに、明確な責任はないと思う。	説明責任がない状況下で働いている。
6	自分の課題と成果の両方について意思疎通を図っている。	良いところに力を注ぎ、問題から目をそらす。	問題は、隠し通して忘れ去ることにしている。

→「早期警告サイン」や「緊急警告サイン」の列にある項目を○で囲んだ場合は、第5章「価値観」に特に注意を払うようにします。

〈栄光追求型〉

　私（スコット）は、12歳の娘に「大きくなったら何になりたいの？」という昔ながらの質問をしたときのことを鮮明に覚えています。間髪おかずに彼女は大きな声で、「有名になりたい！」と言いました。「そうなんだね」と、言ったあとにさらに尋ねました、「何で有名になりたいの？　世界クラスのミュージシャンになりたいとか？」（その頃、彼女はドラムをやっていました）「それともプロのスポーツ選手になりたいの？」（彼女はサッカーもしていました）。そして彼女は、「違うよ、私はただ有名になりたいだけ」と繰り返して、元気にスキップしながら部屋を出て行きました。

　そのときにピンときました。今はテレビのリアリティ番組が流行っていて、パリス・ヒルトンやキム・カーダシアンたちが有名だというだけでメディアに頻繁に登場しています。娘はすでにソーシャルメディアが繰り返し放つ絶え間ない攻勢の影響を受けていたのでした。彼女の人生における最高の望みは、医者や教師になることではなく、ただただ有名になることでした。有名になりたいという究極の誘惑が「栄光追求型」の心をわしづかみするのです。

　栄光追求型のリーダーたちは本来、自分自身の地位や評判を大いに気にするため、持続可能な価値を生み出すチームや組織の構築は二の次です。

　栄光追求型に潜むリスクは、金銭、名声、権力、栄光を欲しがるときに生じます。もしも外部から成功者だと認められ、そういった評価を強く求めているのであれば、内なる原動力は金銭、称賛、名声、権威、あるいは他者に対する権力をさらに獲得することに向かうでしょう。

　研究教授で著名な作家であるブレネー・ブラウンは、私たちは「足りない文化の中で生きている」と主張しています。私たちは常に、「足りない」を含意するメッセージにさらされています。美しさが足りない、頭の良さが足りない、裕福さが足りない、など。もちろんのこと、冷静に考えればわかるように、世の中には一段と見映えが良く、知的で、金持ちの人たちは必ずいます。そしてこの「足りない」議論には理にかなう終わりはありません。私たちには、今の自分では不十分だという考えが身についてしまっています。容姿や知性、富など、何かが「足りない」、だから、何かに属することも愛されることもできないのだと思ってしまうのです。

　この足りない文化の論理こそが、私たち全員の内に棲む栄光追求型人間をつき動かしています。栄光追求型人間とは、内発的モチベーションと外発的モチベーションのバランスを欠き、モチベーションと能力を結びつけられなくなるリーダーを指す表現です。この危険の餌食になってしまうのは多くの場合、自己愛が欠如しているからであり、また心に潜む空虚感を埋めるために、不健全でも外部（他の人たち）から認められたい・褒められたいと思うからです。

栄光追求型

　栄光を求める人たちは、もっぱら称賛されたい欲求といった外発的モチベーションに駆（か）られます。彼らは外部からの支持を極端に欲しがります。金、名声、栄光、権力は、成功の具体的な指標であるだけでなく、栄光を求める人にとっては、自尊心・自己価値（重要で価値ある人間）の重要な側面でもあるのです。

演習2.3：栄光追求型を見分ける

> **目的** あなたの人生経験から、栄光追求型のように振る舞った時を特定することに焦点を当てる。

演習2.3-1　まず、次の文を完成させてください：「私は＿＿＿＿＿＿に関しては十分ではありません」。
「＿＿＿＿＿＿に関して十分でありたい」という願望は、どのように栄光追求心を駆り立てると思いますか？
（回答例　「私は経済的安定に関しては十分ではありません」）

_____

_____

_____

演習2.3-2　自尊心・自己価値を高めるために、外部からの評価や金銭的報酬が必要だと強く感じたときの状況を説明してください。

_____

_____

_____

演習2.3-3　その当時は、どのように感じましたか？

_____

_____

_____

演習2.3-4　栄光を求める欲望にどのように対処しましたか。

_____

_____

_____

演習2.3-5　今日現在、もし自分が同じような立場にいたとしたら、何を

すると思いますか？

_____

_____

_____

　表2.4で、外部からの称賛・報酬を欲しがることは、あなたの人生の中でどのような役割を果たしていますか？　当てはまると思う項目を各行から1つ選んで○（マル）で囲んでください。

表2.4：栄光追求型の指標：外的報酬を求めるためのアプローチ

	健全なアプローチ	早期警告サイン	緊急警告サイン
1	バランスのとれた欲望とモチベーションの割合を維持している。	有形のものと無形の欲求やモチベーションを比較・検討するのはむずかしい。	名声、権力、または栄光を他のものよりも優先することがしばしばある。
2	単調な仕事でも、目標を達成するためには引き受ける。	必要があれば、意味のある、あるいは満足いくモチベーションであっても先延ばしにする。	頻繁に燃え尽きてしまい、仕事をするのが怖くなる。
3	他の人と目標を共有するように努力する。その目標のすべてが、必ずしも自分の目標と同じではない場合でも。	他の人と目標を共有する努力はするが、自分の目標と一致している場合である。	私の関心を共有しないのだから、他の人とは一緒に仕事をしない。
4	私の成功へ貢献にしてくれた人たちが、ふさわしい評価を得られるようにする。	他の人が私の成功に貢献してくれたら、彼らにも自身でふさわしい評価を求めるように促す。	私の成功は、自分がもたらしたのだと誇張して話す。

→「早期警告サイン」や「非常警告サイン」の項目を○で囲んだ場合は、第6章の「スイート・スポット」に特に注意を払うようにします。

〈孤立型〉

　孤立型の罠に陥っていると気づくときがあるでしょう。親密な関係の構築

を避けたり、メンターを求めない、また友人、同僚や仲間たちといった親密な支援者のネットワークを持たないといった場合です。孤立型は、私たちが出会ったリーダーたちの多くにも共通するタイプです。より強大な権力を持つポジションへの昇進は多くの場合、個人の能力や野心が根拠となりますが、不安から抜け出したいという原動力もまた働いています。

　栄光を追求する段階であれば、リーダーシップは自分ひとりだけとるものだと考えるのは自然なことですが、同時に危険でもあります。競争社会では、主に個人の功績で評価されるため、当然のことながら、意欲的なリーダーたちはリソースを蓄え、自分のアイデアを擁護し、自分の判断だけを信じます。

　ところが、そこには危険が潜んでいて、孤立型の人たちは自己強化の罠にいとも簡単に陥ってしまいます。プレッシャー下で、結果が思うように出なかったり、批判が大きくなってくると、彼らはたちまち自分の殻の中に引きこもってしまいます。

　孤立型の多くは、困難な時期に支えてくれる個人的なサポート・チームを持っていません。そのため、目標追求に過度にこだわりすぎてしまい、目標達成の確率を減らすことになりかねないことになかなか気がつきません。そうしている間にチームや組織は解散するかもしれず、また私生活も崩壊の危険にさらされてしまうかもしれません。そのようなときこそ、家族や友人のサポートが最も必要なのですが……。

孤立型

　私たちは孤立型になってしまうと、必要なフィードバックから自分自身を遠ざけるようになります。良識ある助言なしでは判断力を失い、頑なになり、それが大きな間違いにつながっていくのです。

 ## 演習2.4：孤立型を見分ける

目的　あなたが人生の中から、孤立型のように振る舞った時期を見分けることに焦点を当てる。

演習2.4-1　自分の殻の中に引きこもってしまい、相談や助言を求めなかったときの状況を説明してください。

_____

_____

演習2.4-2　そのとき、あなたはどう感じていましたか？

_____

_____

演習2.4-3　孤立感やストレスにどのように対処しましたか？

_____

_____

演習2.4-4　今日現在、もしあなたが同じような状況に直面したとしたら、どのように異なった態度や行動をとると思いますか？

_____

_____

　表2.5で、自分に当てはまると思う傾向を各行ごとに１つ選んで○（マル）で囲んでください。

表2.5：孤立型の指標：外的酬を求めるアプローチ

	健全なアプローチ	早期警告サイン	緊急警告サイン
1	他の人に意見を求めてから、自分で決心する。	他人からのインプットやグループでの共同作業、共同責任を避ける。	他人からのインプットは受け入れない。
2	インプットを受け入れて風向きを見るが、決定を下したあとは前だけを見る。	衝動的な決断を下す。	他人とは無縁の衝動的な決定を下す。

3	長期と短期の両方で他の人と仕事の関係を持っている。	メンターや同僚に助けを求めるのがむずかしい場合がある。	孤立感を感じることが多い。
4	周りとは、アイデアを自由に交換できる関係でいる。	人間関係には、誰が何を誰のためにしているのかという質問がつきまとっている。	孤立した職場環境が望ましい。
5	複数の異なる状況下でも、その状況に合わせて仕事での成果を出す。	生産的であるためには、「煩わしさから逃れること」が必要。	説明責任がない状況下で働いている。

→「早期警告サイン」や「緊急警告サイン」の項目を○で囲んだ場合は、第7章「サポート・チーム」に特に注意を払うようにします。

〈流れ星型〉

　日進月歩で変化し進化する時代、リーダーたちは流れ星型になるリスクにさらされています。流れ星は明るく燃えながら、素早く動き、そして突然、予期もせず地球に衝突してきます。人生のすべてを自分のキャリアだけに集中させ、絶え間なく前へ前へと進んで行けば、制御不能な流れ星のようになる危険があります。

　組織人の人生は、情報技術の進歩やグローバリゼーション、そして激しい競争に煽られてペースがどんどんと加速します。それを求めているのが、出世コースに乗りたいと願う、才能のある人たちです。高い地位とトップのリーダーシップのポストは、多くの場合、スタートラインに早く着き、そのあとも速く走り続ける人たちに与えられるからです。

　新進のリーダーが流れ星型になる危険に晒されるのは、急速にキャリアを駆け上がっていて自分の過ちから学ぶ時間もない場合です。どんな職種でも、わずか1年か2年で昇進し、立ち止まって自分のリーダーシップを率直に評価する機会が全くないとしたら、決して過去の結果に向き合うことはないでしょう。そして、自分で起こした問題が自分に降りかかってきても、あなたの反応はおそらく不安に駆られるだけで、手痛い経験から得られる教訓を今後に役立てようと奮い立つことはないでしょう。

　自分がスターだと見なされていると、誘惑というレバーを引きたくなりま

す。たとえば、あなたが昇進させてもらえないとしたら、別の組織への転職をほのめかして上司や雇用主を脅すかもしれません。これを頻繁に繰り返すと、ある日、高い地位にいながら、自分では手に負えない一連の問題に圧倒されてしまいます。この時点までくると、衝動的あるいは理性を欠いた決定を下しかねません。というのも、それまでの人生で、こういった問題を合理的な事項として対処できる基盤ができていないからです。これがまさに、流れ星が燃え尽きて墜落する地点で、ようやく自分自身の現実に向き合うことになります。

　現実の問題から逃れるために、早急に新しいポジションを見つけたくなるときがくるかもしれません。このようなときこそ、あまりにも性急に動くため内なる羅針盤から離れてしまい、自分の立ち位置を見失う危険性があるのだと考えてください。

流れ星型

　流れ星型の罠に陥るリーダーたちは、公私を統合した人生の基盤を欠いています。彼らはよほどでない限り、家族、友人、コミュニティ、さらには自分自身のためにさえ時間を作ろうとはしません。必要な睡眠も運動もいつでも先延ばしです。コトを進めるスピードが速くなればなるほど、ストレスは増し、燃え尽きてしまうリスクに至るまで続きます。

 ## 演習2.5：流れ星型を見分ける

> **目的**　あなたの人生の中から流れ星型のリスクに陥る状況を見分ける。

演習2.5-1　あなたが流れ星型になったと思う直前の状況と、その状況下で起こったことを記述してください。

_____

_____

演習2.5-2　その当時、主に感じたのはどのようなことでしたか？

_____

_____

演習2.5-3　その状況から抜け出すために何をしましたか？

_____

_____

演習2.5-4　今日現在、同じような状況に直面しているとしたら、燃え尽きるリスクを回避するために何をしますか？

_____

_____

　表2.6で、自分に当てはまると思うパターンを各行ごとに1つ選んで○（マル）で囲んでください。

表2.6：流れ星型の指標：外的報酬を求めるアプローチ

	健全なアプローチ	早期警告サイン	緊急警告サイン
1	自分の目標を成し遂げられると宣言できる。	目標を達成するために、週末や休暇など、人生で必要とされる他の部分を削る。	目標に向かって努力していると、ときどき疲れ果てていると感じることがある。
2	継続的に学習して自分の能力を高める。	自分が最善を尽くせる場を見つけることのみに専念している。	最善を尽くしているが、それが陳腐化しているとか、古臭いと感じることがある。
3	自分の能力に合う適切な地位とそのレベルを探す。	目の前の課題が解決される前に、新しい課題を探す。	仕事から仕事へ、任務から任務へと、すばやく対応してきた。

4	自分の最大長所を引き出すのと同様に、他の人の長所も最大に引き出す。	常に自分が絶好調の状態にあると見られるようにしている。	周りを貶^{おとし}めても、自分の最大の長所を出すようにしている。
5	自分の仕事に専心している。	仕事が原因で友人との連絡が途絶え、また、家族にも負担をかけている。	隣人、子どもの友だち、自分のパートナーのことも気にかけていない。

→「早期警告サイン」や「緊急警告サイン」の項目を○で囲んだ場合は、第7章「サポート・チーム」に特に注意を払うようにします。

〈強みはどう弱みに変わるのか ── 失敗を予測する〉

　医学用語のポストモーテム（検死）という言葉をおそらく聞いたことがあるでしょう。医師が死体を調べて死因を特定する方法です。では、プレモーテム（事前検死）（＊）についてはどうでしょうか?

　これは事前にブレインストーミングを行い、最も可能性の高い死因を推察することを意味します。

(＊) プレモーテム：事前検死（医学用語）。プロジェクトの開始前に行われ、プロジェクトが失敗するリスクを事前に分析評価する機会として機能する。

　どちらのフレーズも医学用語ではあるのですが、経営用語としても浸透しています。プロジェクトが失敗に終わると事後分析を行い、失敗の理由を明らかにします。同様に、あるできごとがすでに起こったことをイメージする「ハインドサイト（後知恵）投影」（＊）の研究によって、将来起こりうる結果の原因を予測する能力が約30%向上することが明らかになっています。

(＊) ハインドサイト（後知恵）：あとから振り返ることで得られる知恵、事後的な知見、結果論。投影とは心理学用語で、自分が持つ否定的な感情を、他人のものとして知覚すること。

　ここであなたに、自分自身のプレモーテム、つまり、起こりうる失敗の予測を行ってもらいます。道を見失ってしまう最も可能性の高い原因を特定するために、このプレモーテム手法と「強みはときに弱みになる」という実証済みの知恵を組み合わせて使います。「あなたが脱線する可能性が最も高い

シナリオ」を想像すれば、それがナルシシズムに対する強力な解毒剤になるばかりでなく、自分自身を正直にプレモーテムすることで、この章で述べている5つの危険それぞれに対する強力な治療法にもなります。

✎ 演習2.6：強みはどう弱みに変わるのか？

演習2.6-1　リーダー（または人）としてのあなたの最大の強みを3〜5つ挙げてください。

_____

_____

_____

演習2.6-2　上で挙げたそれぞれの強みが、どのようにして（どのような状況・条件下で）弱みになると思いますか？

_____

_____

_____

演習2.6-3　上記の答えの結果、道を見失う可能性の最も高いシナリオはどのような内容ですか？

_____

_____

_____

軌道修正は強さの源

　第2章を通して、どうして道を見失ってしまうかが見え始めたと思います。私たちは、現代社会のプレッシャーと誘惑を受けて、トゥルーノースを見失ってしまう危険にさらされています。どのように道を見失うのかに関して述べた5つのタイプの原因は、一部は常に自分自身を良く見せたいという誤った欲求が強くあることです。辿るべき旅路を左右してしまうのは、世の中が求めているのは何かへの思い込みです。つまり外部に対してどうあるべ

きかを考えるばかりで、本当の自分はどうなのかを考えなければ、確実に災難を招くことになります。

　オーセンティック・リーダーを目指すことは、完璧になるということではありません。ブレネー・ブラウンは、恥に関する画期的な研究で、完璧主義は卓越性や自己改善を目指すことと同じではないと私たちに教えてくれます。ところが完璧主義が焦点を当てるのは、周囲が私たちをどう知覚するかということ。そうではなく、自分は何者かを追求することこそが、個人の成長を促す健全な目標です。

　ブラウンによると、

　　完璧主義の核心は、他者の支持を得ようとすることです。完璧主義者のほとんどが、彼らの業績と成果を称賛されながら成長してきました。でも彼らが成長過程で身につけたのは、危険で自らを衰弱させてしまいかねない信念です。「私の評価は、何をどれくらい素晴らしく成し遂げたかで決まります。喜ばす、業績を挙げる、完璧にする」というもの。健全な努力は自分に焦点をあてます。つまり「どうしたら自分は向上できるのか？」ということ。ところが完璧主義になると、他人の目、つまり「彼らはどう思うだろうか？」に焦点を当てます。完璧主義というのは、自分を守ってくれると信じて、頑張って持ち歩く20トンもの盾のようなものです。ところが実際は、その盾は本来の私たちを見せないようにしているものにすぎません。
　　　　　　　ブレネー・ブラウン著『パフォーマンスし、喜ばせ、完璧にするという罠』

　もし、あなたが栄光への道を正当化した挙句に孤独で燃え尽きてしまうような策士になりたくないのなら、まず自分自身をより深く理解してください。そもそも歩むべき道をまだ見つけていないのなら、道に迷うことはありません。次の章で私たちは、あなたの試練を掘り下げながら、「道を見つける」手伝いをします。試練とは、胸が締めつけられるような、そして何かしらの意味が重くのしかかっていると思える人生の瞬間です。そして、その意味を

完全に理解したときこそが、あなた自身のトゥルーノースを見つける瞬間になるのです。

👆 キーポイント ━━━━━━━━━━━━━━━━━━━━━━●

- すべてのリーダーたちが、ある時点で道を見失ってしまいがちです。
- 私たちは「足りない文化」の中で生きており、常に「十分でない」を思い知らされています。
- 私たちは誰でもが、外部からの報酬と支持を望んでいます。
- リーダーシップには5つの危険（策士型、正当化する理論武装型、栄光追求型、孤立型、流れ星型）が潜んでいます。これらが生じるのは、「足りない文化」と願望との間に不健全な関係があるからです。
- 本物であることは、完璧であることではありません。
- 私たちの強みがどうやって弱みになるかを理解すれば、それが道を見失ったときの強力な対処法になるはずです。
- 道を見失うことは必ずしも致命的ではありません。自分の不完全さから学べば、実際に道を見失ってしまったのか、逆に自分の道を見つけようとしている最中、自ずとわかるようになります。

第3章

試練

直火にあぶられるとき、試練の火、病気の熱、

悲しみや極貧の地獄にさらされる時……

私たちは持ちこたえられるだろうか、恐怖に耐え、

変容の苦しみに耐え、打ち据えられながら……

苦しみや忘却を照らす松明の担い手になるまで。

──スーザン・デボラ・キング、『試練』「片胸の女(One-Breasted Woman)」より

(訳者訳)

　第1章では、コアとなる考え方が「私たちは自らが語るストーリーそのもの」だということを紹介しました。第2章では、「後知恵の投影」演習を行って、どのように道を見失うのかを想像してもらいました。実際には、「道を見失う」のではなく、「道を見つける」のであり、旅路にあるチャンスを逃さないという期待を込めたものです。この章では、あなたの人生経験を再度振り返ります。今度は、深い意味が詰め込まれた重要な経験をじっくりと見ていきます。私たちは、この経験を「試練」と呼ぶことにします。

　人生には、成長につながる経験がぎっしり詰まっています。ところが、すべてが成長につながるというものではなく、実際には経験の大半はかなり退屈なものです。この章で取り組むのは、最も興味深いと思われる時期を特定し、その価値を最大限に引き出すことです。この章に取り組みながら、次の2つの質問について考えます。

- どんなできごと、人間関係、時期が、「あなたは何者なのか」について最も大きな影響を与えましたか?
- これらの試練から何を学びましたか?

困難や課題に直面している最中に、そこから物事の本質や学びを得るのは

むずかしいでしょう。ところが、最も困難なときにこそ往々にして、最も深いレベルで自分が何者であるかに向き合い、自分の人生とリーダーシップが何であるかを理解する機会が得られます。

試練

『こうしてリーダーはつくられる（Geeks and Geezers)』（ダイヤモンド社、2003年）の中で、著者のウォーレン・ベニスとロバート・トーマスは、試練は私たちの限界を試す強烈な体験であると説明しています。「試練は私たちに、自分自身と向き合い、性格や価値観を新たな視点から観察し、本当の姿を把握するよう否応なく促す」のだと。そして、「逆境を克服し、これまで以上に強くなり、献身的になるために必要なスキルは、本物のリーダーをつくるスキルと同じである」と彼らは結論づけています。

　試練の多くには痛みと喪失が伴います。たとえば、職業人生では、仕事上の難題に直面する、批判的なフィードバックを受け取る、昇進を逃す、職を失う、などです。また離婚、病気、または愛する人の死といった経験は、私たちの個人生活の中で非常に重要なできごとの例であり、試練と言えるものでしょう。

> 　化学の分野では、Crucible（本来は金属を溶かすつぼという意味）は、物質を高温に加熱して化学変化を引き起こす容器を意味しており、金鉱石の精錬や製鉄所の溶鉱炉を表す言葉です。また、古代の技術を指す言葉でもあり、長年にわたって文学的なたとえとしても多く使われてきました。旧約聖書の預言に出てくる精錬機の火に始まり、錬金技術にたとえられ、また、セイラム魔女裁判を描いたアーサー・ミラーの戯曲、『るつぼ』でも使われています。

　試練には苦痛がつきものですが、必ずしもネガティブなできごとだとは限りません。たとえば、名門校への入学、大きな大会やコンテストでの勝利、そして初めてリーダーになるなども、すべては自分が何者なのかという基盤を形成してくれる可能性を持った重要な経験です。また、メンターや先輩、

あるいは個人的に憧れる人たちとの強力な関係も、私たちの成長に重要な役割を果たします。こういったことも試練として見なすことができるでしょう。人生のどんなできごとや時期であれ、深い内省を余儀なくされ、そのせいで自身の最も基本的な人生観、価値観、世界観に疑問を抱いたとしたら、それも試練と言えるでしょう。

2004年の大学バスケットボール・シーズンが終了してしばらくして、デューク大学の男子バスケットボールの伝説的なコーチであるマイク・シャシェフスキー（別名はコーチK）は、彼の人生で最も重大な決断に予期せず向き合うことになりました。

全米バスケットボール協会のロサンゼルス支部が、5年4000万ドルの契約で、愛着のあるブルーデビルズを辞めて、レイカーズを指導して欲しいと提示してきたのです。このような有利な申し出を受けるのは、解雇されたり、大病に苦しんだり、愛する人を失ったりすることとは、全く異なるものです。

ところが、この申し出が彼のプロとしてのキャリアの中でおそらく最も重大な試練になったのです。57歳で、このような魅力的な申し出を予想外に提示されたため、コーチKはいくつかの真剣な質問を自分に問いかけ、深く考えました。「何が、私にとって本当に重要なのか？」「何が、私のコアの価値観なのか？」「どこに、私の忠誠心はあるのか？」「何が、私の人生の本当の志なのか？」

彼が出した答えはこうでした。「私は、心の底から、コーチし、教えたい。私の心が命じるままでいたいと思っている。デュークには、心底愛着を持っている。他の選択肢がどんなに優れていたって、デュークを全身全霊でコーチするのは、ここでしかできない」。コーチKはデューク大に留まりました。そして、それまで以上に献身的に指導し、2015年1月に1000回目の勝利を収め、全米大学体育協会の男子バスケットボール・ディビジョンの歴代最多の勝利を収めたコーチとしての地位を揺るぎないものにしたのです。

あなたの人生を俯瞰して、潜んでいる試練を探すときは遊び心を持ってく

ださい。ある人たちにとっては、試練を特定する作業は簡単でしょう。彼らの人生においては、心が焼けつくような瞬間が、自分が何者なのか、そしてどのようなリーダーになるかを決めるようです。

　ところがそうでない人にとっては、このタスクは困難で、プロセスもさらに複雑で、試練自体もより微妙なものであるかもしれません。あなたにはどこか、人生の中で何度も訪れている場所がありますか？　気になるできごとやエピソードがありますか？　これらが、試練がどこにあるのかを教えてくれるはずです。あなたにとっても、その場所を再び訪れて重要な教訓を得る機はもう熟しているのです。

　私たちの多くにとって、「試練」という言葉に値する劇的なできごとを1つに絞って挙げることは容易ではありません。でも大丈夫です。無理をする必要はありません。基準を緩めてください。あなたの試練は、単一のできごとではなく、小さなチャレンジが続く長期的なものなのかもしれません。それらが、あなた自身や世の中におけるあなたの立ち位置に重要な変化や転換をもたらしているかもしれないのです。さらに、あなたの人生の重要なパターンを明らかにする一連のできごとかもしれません。ひょっとすると、今現在あなたは試練のまっただ中にいるのかもしれませんね。

　あなたの試練が形式的な定義に当てはまらないとしても、心配することはありません。あなたの人生が大いに恵まれていて、劇的な苦難、トラウマや小説のネタになるような危機を経験したことがなくても心配無用です。この章で経験して欲しいのは、誰が最も困難な人生を送ったかを競争することではありません。あなたの人生経験からできるだけ多くの学びを掘り起こせるように設計しています。さあ、試してみましょう！

潜在している試練

　あなたの人生経験を振り返ってみて、どういったできごとや人間関係、または試練を経験した時期が、あなたが何者なのかを知るうえで最も大きな影響を与えたと思いますか？　潜在している試練を探すことから始めます。

　たとえば、
「私の両親は、私が8歳のときに離婚しました」

「私は高校のクラス委員長に選ばれました」

「私は昇進を見送られました」

「私は高校のバスケットボールチームから外されました」

「私は6年間一緒だったパートナーから別れを告げられました」

「私が12歳のとき、両親は私を中国からアメリカへ送り出し、祖父母と一緒に暮らすことになりました。私は英語を全く話せませんでした」

「私は高校や大学ではあまり人気がありませんでした」

「私の子どもの1人は私を全く尊敬していません」

「私はコンサルティング会社を経営しています」

「クライアントとの重要な会議で、上司が私に怒鳴りつけました」

「私は自分の信仰と相容れない人に恋をしています」

「私は金融業界で3年間働きましたが、嫌いな仕事でした。ただし、お金は大好きです」

「私の父はまもなく死を迎えようとしています」

「私は初めて、真のリーダーシップの地位に就いたばかりです。でも、できるかどうか確信が持てません」

　など。

 演習3.1：試練

演習3.1-1　試練だと思う代表的な経験をいくつか挙げてください。

_____

_____

_____

◎**最大の試練**◎

　あなたの人生で、最も顕著で重要な経験を特定します。人生を決定づけたできごとを1つに絞ります。上で回答した試練のうち、あなたにとって最も意味あるものに★印をつけてください。

◎試練のパターン◎

　特に人生を決定づけるようなレベルに達する経験が1つもない場合は、試練のパターンを探ってみてください。あなたの人生経験に流れている重要なテーマ、あるいは共通パターンを特定します。つまり、あなたが何者なのかを定義するものです。特定できたら、そのパターンを言語化してください。

_____

_____

_____

◎複数の試練◎

　この演習で重要なのは、試練を1つに特定するか、核となるパターンを峻別するかです。どちらの作業も、簡単にあきらめないでください。それでも、最大の試練を選択できなかったり、明確なパターンが見いだせない場合には、演習3.1-1のリストを使います。

試練の物語

　あなたの試練を書くときが来ました。大きな1つのできごとでも、経験した試練に見られるパターンでもあるいは複数の試練を基盤にしたものでもかまいません。これらのいずれの場合も書き留めることが、つまり心の外に出すという作業そのものが学習プロセスの重要なステップになります。

　あなたはこう思っているかもしれませんね。

「このステップは飛ばしてもいいのでは！　省察はしたけど、書くのはむずかしい。書き留めなくても、この演習のメリットを得られるのではありませんか？」

　でも答えは、「いいえ、得られません」。書くという訓練そのものが、私たちの理解を明確にしてくれます。書き留めることなしでは理解は得られません。

　書くことで、私たちの経験と私たち自身の間に、必要なスペースが注入されます。書き留めるまでは、経験が主体になっていますが、書くという行為が主体と統制の所在をシフトさせます。つまり、自らの人生を「外に出すこと（文字化すること）」で、自分が「経験の主人」になるのです。経験や自

分自身から距離を置くことで、心が解放されます。試練というユニークな形式で人生経験を書いてみることで、周囲の人たちとより容易に、かつ強く分かち合えるようになれるはずです。

試練3.2：試練の物語（複数可）

　試練を伝える手紙をあなた自身に宛てて書いてください。１つの物語として、手紙という形で完成させてください。手紙には物語の全体を書き込みます。「始まり」「中間」「終わり」が必要です。全体構成ができたら、要点を説明し、関連する全てのことに詳細を加えていきます。

　私たちはまさに自分の人生の作者です。あなたの物語を書くチャンスです。人生全体でなくても、最も重要だと際立っていた瞬間（または複数の瞬間）を取り出してください。

　自分の試練を書き下ろすことを楽しんでください。繰り返し読みたくなるようなものを書いてください。こういった瞬間の追体験は苦痛を伴うものだとしても、自分自身をより深く理解し、本物の自分を探す旅を進めたいのであれば、避けて通ることはできません。

演習3.2　あなたの人生における試練
（別紙を用意する）

試練からの学び

　この章の最初の質問（「どんなできごと、人間関係、時期が、自分は何者なのかを知ることに最も大きな影響を与えましたか？」）から、２番目の質問「これらの試練から何を学びましたか？」に移ります。

　この時点で、あなたは次のように考えるかもしれません。「私の人生に潜在する試練を特定するのは興味深く知的な演習かもしれませんが、その目的

はいったい何ですか?」と。これは単なるゲームではありません。この演習全体の目的は、あなたは何者なのか、真の自分、そしてあなた自身のトゥルーノースをより明確にすることです。

　単一の試練や重要なパターン、あるいは複数の試練を特定できたら、次のステップで、それらの価値を最大限に引き出していきます。以下の質問は、特定した経験から可能な限り意味のあるものを取り出すのに役立つはずです。

- 通常、あなたは試練にどのように対応しますか?
    - ▶ 落ち込み続けますか?　それとも、強く立ち直りますか?
    - ▶ これらの日常や普通ではない時間から何かを学ぶことができますか?
- 試練から何を学びますか?
    - ▶ 周りの人たち、社会、ビジネス、リーダーシップなどについて、どのような教訓を試練から学べるでしょうか?
    - ▶ 自分自身について、どのようなことを学べるでしょうか?

　上記の質問への回答は、人によって大いに異なるでしょう。リーダーとして成長し続けるためには、試練にどのように対応するのかを知っておくことが大切です。人生で最も重要な瞬間をいくつか振り返ってみて、あなたが通常どのように対応するか、そのパターンを特定できますか?

　すべての試練に痛みや喪失が伴うわけではありませんが、ほとんどの試練には心の葛藤とその結果が伴います。人生の極めて辛い瞬間に直面したとき、あなたの対応パターンはどのようなものでしょうか?　そのときに生まれる葛藤にどう対処するのかを知っておくことが大切です。葛藤を無視して、それらが消え去ればいいと思いますか?　それとも、葛藤の根を探し出して、学習可能な体験として受け入れますか?

　私たち全員が必ずしも、コーチKのように4000万ドルのオファーが省察のトリガーになるなどの幸運に恵まれてはいません。実際には、ほとんどの試練は痛みを伴います。また、多くは何らかの形で損失を被ります。逆境に気を取られ、困難に自分自身を見失いそうになります。物事がうまくいっているときや世の中が自分に優位に回っているときに立ち止まって、これまでと

は違った方法で知識を得るとか、行動するとか、人生を考えたりはしません
よね。

　2つの質問を、「逆境にどのように対応しますか？」という1つの質問に
置き換えてみます。幸い、この問題の対処に役立つ多くの研究がなされてい
ます。さらに学びたいという興味があれば、レジリエンス（回復力）、忍耐
力、根性（気概）に関する優れた本が多数あるので、巻末にいくつかを紹介
しておきます。

　経験から学ぶために必要な科学的なスキルは存在しません。まずは自らの
試練を紐解くことに真摯に取り組めば、さまざまな研究も役立つことだとわ
かるでしょう。では、この大切な作業に役立てられるように、これからいく
つかの演習を行います。

演習3.3：試練からの学び

演習3.3-1　世の中、ビジネス、リーダーシップなどについて、どのよう
な教訓を学びましたか？

_____

_____

_____

演習3.3-2　あなた自身について何を学びましたか？

_____

_____

_____

演習3.3-3　あなたは通常、逆境にどのように対応しがちだと思います
か？

_____

_____

_____

演習3.3-4　どのような手段や方法を使って、特定した試練を乗り越えようとしましたか？

_____

_____

_____

　私たちの人生には、成長を促す体験がぎっしりと詰まっています。それらの全てが、意義ある試練として現れるわけではありません。この章では、試練を特定し、省察し、そこから学ぶプロセスを演習を通して説明しました。第2部「本物のリーダーになる」では、同じ原則を利用して、成長段階のいくつかの重要な局面で、自己認識のレベルを高めていきます。

☞ キーポイント ─────────────────────●

- 私たちの人生には、とりわけ際だったできごと、大事な人間関係やタイミングがあります。それらは「自分が何者なのか、どのようにしてリーダーになるのか」を私たちに考えさせるきっかけとなり、大きな影響を与えます。私たちはそれらを試練と呼びます。
- こういった経験を特定し、振り返って書き留める作業は、自らのトゥルーノースを発見するための重要なプロセスです。
- 私たちが人生の試練にどのように対処するかを理解することが、今後私たちがどう成長していくかを把握するうえで重要です。

第2部
本物のリーダーになる

あなたの羅針盤に従いなさい、時計ではなくて。
——アン・ムーア、タイム社（Time. Inc.）CEO

荒野で進路を定めるには、地図と羅針盤の両方が必要です。第1部では、これまでの人生を絵図に描いて、あなた自身の旅を幅広くスケッチしてもらいました。これで大まかな地図は手に入れました。その地図には、あなたが道に迷う潜在的な危険と同時に、試練を通して見えてきた重要な山や谷も載っているはずです。

『True North　リーダーたちの羅針盤』（前出）で、リーダーたちがトゥルーノース（彼らの最も深いところにある信念、価値観、原則）から外れずに進むために、彼らが直面した課題をいくつか紹介しています。あなたが現実の世界で同様のプレッシャーやリーダーシップに孕む誘惑に直面したら、正確な地図だけではなく、頼りになる羅針盤も必要です。この2つがあれば道を見失わず、方位を違わずに歩み続けられるでしょう。

第2部で、その羅針盤を用意していきます。

　羅針盤の中心にあるのが「自己認識」、つまり内省する力と自分自身をしっかりと知る能力です。全てのスイッチがここにあり、オーセンティック・リーダーへの旅はここで始まり、ここで終わります。中心から出ている4本の主軸は、リーダーシップ開発に重要な4つの領域、「価値観と原理・原則」「スイート・スポット」「サポート・チーム」、そして「公私を統合する人生」の領域に向かっています。これら4つの領域は、リーダーシップ開発に不可欠であり、オーセンティック・リーダーたちに行ったインタビューの中から、トゥルーノースへの道を目指す重要な道標として抽出されたものです。

　これらの道標を見極め、それらを辿るのは容易なことではありません。近道も、手っ取り早い解決法も、ましてや「7つの簡単なステップでオーセンティック・リーダーになる」などというのもありません。オーセンティック・リーダーになるには、まず自らのリーダーシップ開発に責任を持ち、そして羅針盤を使って自らの旅路をリードしていかねばならないのです。

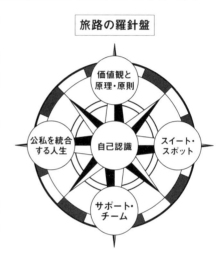

旅路の羅針盤

価値観と
原理・原則

公私を統合
する人生

自己認識

スイート・
スポット

サポート・
チーム

　第2部の演習を完了したら、羅針盤の5つの領域は整合した1つの統合体であるとわかるでしょう。一貫してトゥルーノースに向かって人生を進めるためには、5つすべての領域に注意を払わなければなりません。それぞれの領域における自己開発は一生続く旅です。自己認識を完璧にすることはできないかもしれません。けれども、私たちは常に自分の価値観に従って生きることはできます。そして新しいスイート・スポットの発見は、言わば人生の大きな喜びの1つとも言えるでしょう。健全なサポート・チームには、絶えず糧と配慮が必要です。公私を統合した人生を生きる秘訣は、「もうこれでおしまい」には決してならないと気づくことです。

　あなたは今まさに、オーセンティック・リーダーシップを発見するエキサイティングな旅に乗り出そうとしています。さあ、始めましょう。

第4章

自己認識

私はたびたび、人の性格を定義する最善の方法は何かと考えてきました。
その方法は、その人特有の精神的または道徳的な態度を
探し出すことではないかと思うのです。人がそんな態度をとっているのは、
そのときに最も深くかつ強烈に躍動し、
生き生きとしていると感じているからなのです。そんなときに、
きっと彼の心の中に「これが本当の私なんだ」
という声が聞こえているはずです。
──ウィリアム・ジェームズ、『ウィリアム・ジェームズの手紙』
(訳者訳)

　自己認識を羅針盤の中心に置いたのは、全てのスイッチがそこで入るからです。羅針盤の針は、地球の磁場の方向に向いています。そのために、小さな支点を固定して旋回できるようになっています。自己認識は、自己開発の全てに影響する回転軸です。自己認識がなければ、あなたの旅路を支えるものは何もありません。進むべき方向を定める方法はなく、道に迷っているのか、道を見いだそうとしているのかを知る術もありません。トゥルーノースの発見には、自分の脆さを認める意志と素直に内省する能力が必要です。そして自己認識を高める取り組みは、生涯にわたるものです。

　では、どの程度、あなたは自分を認識できていると思いますか？　鏡の中の自分は、どれくらい鮮明に映っていますか？　自分をどれだけよく知っていますか？　自分自身にどれほど満足していますか？　鏡に映る自分をどれくらい受け入れていますか？　よりオーセンティックなリーダーを目指す旅の進捗状況は、これらの基本的な質問への答えでわかります。

　本書は全体を通して、あなたは何者なのか、あなたの価値観やモチベーション、長所と短所は何なのか、つまりはあなたの存在理由や志をより明確にする手助けとなるように設計されています。

　この章では、これらの項目について正面から取り組みます。自己認識をさらに高めるには努力が必要です。努力すれば身にはつきますが、多くの習慣と同様に、進化させるためには本気のコミットメントと少なからぬ勇気が必要です。したがって、この章の演習に取り組む際には、できる限りオープンに、かつ正直に取り組んでください。そうすれば素晴らしい見返りが得られるはずです。

　ウィリアム・ジェームズの言葉を借りて言い換えるなら、あなたが最後に「これまで以上に深く集中し、躍動し、生き生きしている」と感じたのはいつだったでしょうか？　「これが本当の私なんだ」という「内なる声」を最後に聞いたのはいつでしたか？　その内なる声をもっと頻繁に聞くことができたら、どんなに素晴らしいでしょう。それができるのです。さあ、始めましょう。

自己認識は高められる

　ダニエル・ゴールマンが画期的な本、『EQ　こころの知能指数』（講談社、1998年）を著してから数十年が経ちました。EQには、自己認識、自己規制、共感、モチベーション、ソーシャル・スキルの５つの領域があります。IQとは異なり、EQは大幅に改善できることが研究で明らかになっています。この章では、３つの項目（自己認識、自己規制、共感）に焦点を当てます。第６章ではモチベーションについて、第７章、８章、および11章では、ソーシャル・スキルについて複数の観点から取り組んでいきます。

　1902年、社会学者のチャールズ・クーリーは「鏡映的自己」という言葉を創り出し、他人による知覚が自ら描く自己像に大きく影響するのだと主張しました。クーリーの洞察は、彼自身に関する次の有名な一節に要約されています。「私は、私が私だと思う私ではなく、あなたが私だと思う私でもありません。私は、あなたが私だと思っていると私が思う私、なのです」。毎朝鏡に映る私は、おそらく両親が見る私の姿と全く同じだとは限らず、友人たちが見る自分ともおそらく違うでしょう。私たちが自分自身について知っていることの多くは、他人の目を通して知り得たものなのです。

　自己認識をより高めたいのであれば、周囲の助けを借りなければなりません。自分ひとりだけではできません。のちのちその理由がわかってくると思

いますが、少なくとも5人の助けを得ながら、これから行う一連の演習を完了させることをお勧めします。関わる人が多ければ多いほど、あなた自身の全体像が一層完全なものになります。これは、この演習に限らず、あなたの人生にも言えることです。

 ## 演習4.1：EQを測定する

> **目的**　あなたに対して自ら行う評価と、周りの人がどう見ているかを比較する。

　数値的な評価は全体評価も含めて、1から5のスコアでつけてください。スコアをつけたら、その理由づけをします。まず、自分自身の評価を完成させ、そのあとに他の人からのフィードバックを記入します。
　スコアについて
　1は「全く当てはまらない／全くそうではない」、3は「ある程度当てはまる／ある程度そうである」、5は「完全に当てはまる／完全にそうである」。

演習4.1-1　自己認識
（自分自身をしっかりと知る能力、そして、自分の気分や感情、衝動および他人に与える影響を見極めて理解する能力）

自己認識	自己評価（1〜5）	他者評価（1〜5）
私は自分に自信がある。		
私は自己承認ができている。		
私は今の自分に満足している。		
私は自分の気分、感情、衝動を認識できている。		
私は自分が周りの人に与える影響を認識できている。		

	全体評価		

演習4.1-2　自己認識が不足していたと思う状況を説明してください。

_____

_____

_____

演習4.1-3　どのような事情や状況であなたの自己認識の低さが露呈してしまうと思いますか？

_____

_____

_____

演習4.1-4　どのようなステップを踏めば、あなたの自己認識を高められると思いますか？

1 _____

2 _____

3 _____

演習4.1-5　自己規制

（破滅的な衝動や感情を制御または切り替える能力。長期にわたって自分の最善の利益のために、自身のコア・バリューと合致させて行動する能力。行動する前に判断を保留し、考える能力）

内容	自己評価（1〜5）	他者評価（1〜5）
私は自らの感情をうまく制御して、他者への影響を最小限に抑えられる。		
私は他者やその考えに対する判断を保留して、まずはそれらを十分に理解できる。		

私は落胆したり、怒りを覚える状況に直面したとき、一呼吸し、距離を置き、考えをはっきりとさせたあとで、対応、または、反応できる。		
私は批判的なフィードバックを受け取ったときには、防御的になるとか批判者を攻撃しないで、実際にそれを聞き入れて、建設的な対応ができる。		
私は新しい環境下でも、不安なく／心地よくしていられる。		
私はあいまいさや変化に対して、気楽に対応できる。		
全体評価		

演習4.1-6　自己規制を欠いた行動や態度をとった状況について記述してください。

_____

_____

_____

_____

演習4.1-7　あなたにとって、自己規制するのに最も苦労する事情や状況とはどのようなものですか？

_____

_____

_____

_____

演習4.1-8　一貫して自己規制する能力をこれまで以上に高めるために、どのようなステップを踏めばいいと思いますか？

_____

_____

_____

_____

演習4.1-9　共感

（他者の感情を理解し、敏感に感じ取る能力。他者の思考の枠組みから生じる状況を追体験できる能力）

内容	自己評価（1〜5）	他者評価（1〜5）
私は他者の視点や経験を理解するのが得意だ。		
私は他者の感情をよく理解できる。		
私は他者の精神的ニーズに対して思いやりのある支援対応ができる。		
他者は私のことを思いやりがあり、親身になれる人だと思ってくれている。		
全体評価		

演習4.1-10　他者に対して思いやりを欠いてしまった状況について記述してください。

_____

_____

演習4.1-11　あなたにとって、親身になるのが大変むずかしい場面や状況とはどのようなものですか？

_____

_____

演習4.1-12 あなたがより共感力を高めるために、どのようなステップを踏む必要があると思いますか？

1 _____

2 _____

3 _____

　他者の目に映る自分を自分自身で見るのは、簡単ではありません。また、他者の評価をレビューしてみると、彼らと自分の視点が異なる場合があることに気づきます。違いがあることを想定しておけば、その違いが大きな学びを得る機会になるはずです。他者による評価を読んだときの自らの感情的な反応を観察してみてください。彼らが何を言わんとしているかを、どれくらいオープンに聞けるでしょうか？　どのくらい防御的になるでしょうか？　どの程度、彼らの視点を自分の視点として取り入れることができるでしょうか？

　自己認識、自己規制、共感に関して言えば、鏡映的自己はまるで壁が鏡の家にいるようなものだと感じるかもしれません。他者の目を通した自分を真剣に見たとき、何が見えるでしょうか？　漫画みたいに自分と判別できないようにデフォルメした姿でしょうか？　それとも、本当の自分が何者なのかをよりきめ細かく正確に映し出した姿でしょうか？　重要なのは、「どちらが正しい自分なのか？」という問いではなく、「この新しい情報をどうするのか？」という問いかけです。得た情報を、進展し続ける自己理解の中に組み込みますか？　それとも無視して、ご都合主義で正確性に欠ける自画像を持ち続けますか？

本物の自分を発見する

　ありのままの自分であるためには、自分の長所と短所を認識することが不可欠です。さらに、盲点、関心事、脆弱な領域を見定め、理解する必要もあります。

　私たちの周りには、表向きの姿とは全く逆の行動をとる人たちがいます。

あなたも同じように行動したことがあるのではないでしょうか。これこそが
まさに、「本物ではない」ことの生きた定義です。「本物である」とは、完璧
であることではありません。もし、自分が完璧であるかのように振る舞う人
がいたら、その人は間違いなく本物ではないはずです。

　私たちの研究でわかったのですが、自分の弱点、盲点、脆弱性についてオー
プンに話せるリーダーたちは、他者が同様にオープンであることを受け入
れます。これができれば、より深い信頼とコミットメントが生まれるはずで
す。あるがままの自分の全てを、つまり才能だけでなく弱さも合わせ持った
自分を受け入れて、人生を歩んでいけるでしょう。

　私たちはそれぞれ、多様で幾層にも重なった側面を持っています。『True
North　リーダーたちの羅針盤』（前出）では、タマネギの皮にたとえて、
それらの層を紹介しています。

タマネギの皮をむく

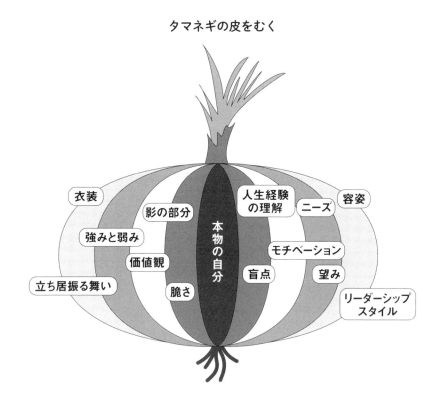

　外皮や外層は、世の中に対する私たちの外的なアイデンティティを表しています。また最初のシグナルとして、私たちは何者なのか、その下に何があるのかを伝えるものです。また、保護する役割も担っており、より深い部分が外からは見えないようにしています。これらの下のあるのは、私たちの強みや弱み、ニーズと望みの層です。これらの要素が、表面的に映る姿、つまり他者から見た姿を形作ったり、変えたりします。価値観とモチベーションがさらに深い層にあり、成功や達成感を定める基準になります。

　奥まっていて見えないのが影の部分、つまり脆さと盲点です。これらを認識しているか、受け入れるか否かにかかわらず、私たち皆がそういった側面を持っています。いずれにせよ、より深い層にあるものが、私たちが何者なのかを大いに左右します。ところがその性質上、なかなか見ることはできません。自分自身に対して容赦なく正直になるか、あるいは他者に忌憚のないフィードバックを求めない限りは、これらは隠れたままで、強力かつ予測不能な方法で私たちに影響をおよぼしてきます。

　私たちの存在の核には、本物の自分、つまりあるがままの自分、そしてこれこそが、自分であるというアイデンティティがあります。自分は何者なのかに関するすべての側面を「自分のものだと認める」ことができれば、自信を持って、そして安心してあるがままの自分を世の中に出せます。私たちのトゥルーノースは、この「本物の自分」から生まれ、また志や目的もそこから生まれるのです。

　タマネギの外皮はなぜ固いのでしょうか？　他者からの手厳しい評価や拒絶を恐れて、私たちは自分の深いところにある層をさらけ出すことを躊躇します。自分の強みは見せたいのですが、弱みは懸命に隠します。

　そういった怖れの結果、私たちはより深いところにある自分、つまり脆さ、弱さ、盲点、影の側面を隠そうとします。また、それらを隠すことに長けているため、自分自身では気づかないものです。ところが、周りの人たちには、はっきりと見えています。多くの場合、何らかの強い力や状況で暴かれるまで否定し続けてしまうため、不幸な結果を招くこともしばしばです。リーダーの立場でいるときに、自分の一部が突然さらけ出される状況に追い込まれると、道を見失う結果を招いてしまいます。

　ところが、隠しているはずの一部だけは見せたいという矛盾も生じます。

どういうことかと言うと、脆さや影の側面、盲点は隠したいと同時に、実は受容して欲しい、表現したい、統合したいと切望する部分でもあるのです。隠したい部分が強みと同様にアイデンティティの中核であると認められない場合に、自分らしくない行動をとってしまいます。隠している影の側面を受け入れてこそ、私たちは本物の自分になれるのです。

自己承認

　自己認識の良い点は、あるがままの自分を受け入れられるようになることです。当たり前ですが、すべてにおいて最高である人は1人としていません。私たち一人ひとりには、持って生まれた一連の強みや時間をかけて開発した能力、そして、どうしても不得手なものがあります。同時に、本物の自分になるには、強みを最大限に活用すること（弱さに焦点を合わせるのではなく）であり、また弱みを補完し、ギャップを埋めてくれる強さを持った人たちに囲まれていることが必要です。あるがままの自分を受け入れる能力というのは、自己承認だけでなく、真の自由も与えてくれる恵みの種でもあるのです。

　今ある自分を受け入れて無条件に愛するには、自分自身への共感・思いやりが必要だとわかったでしょう。自分の弱点と影の側面を認識するためには、最も嫌いな部分も不可欠なものとして受け入れなければなりません。このことは、ビルが自分の弱さを受け入れたときの回想の中にも示されています。

　1997年、私がメドトロニックの会長兼CEOを務めていた頃、ミネアポリスのダウンタウンからオフィスまで通う車の中で、詩人デイビッド・ホワイトの「セルフ・コンパッションの詩」というスピーチをCDで聴いていました。その中でホワイトが朗読している詩に「Love After Love（もう1人の自分への愛）」というのがありました。ノーベル賞を受賞した詩人、デレック・ウォルコットの作品です。ウォルコットの詩が語るのは、私たちが長年拒否し、否定し、無視してきた自分の中にある部分に触れようとするチャレンジでした。ウォルコットは、それらを「私たちの人生という晩餐にそれらも招き入れよう」と励ましています。

　ホワイトが朗読する詩に耳を傾けながら、いくつかの言葉に衝撃を受け、その言葉を書き留めようとして、何度か車を路肩に停めるほどでした。もっとも、あとから考えると、これはかなりばからしいことでした。CDなのだから、オフィスに着いてからでもその詩を簡単に書き留めることができたはずでしたから……。

もう1人の自分への愛

　そのときはいつか来ます、上機嫌で、
　あなたはそのとき、自分の戸口に辿り着いたもう1人のあなたを、出迎えるでしょう、
　あなたの鏡には、お互いにいらっしゃいとほほ笑む姿が映っています、
　そして、さあ、ここに座りなさい。食べなさい。
　あなたは、もう一人のあなたを再び愛するようになるでしょう。
　ワインを与え、パンを与えなさい。そして、心も戻してあげなさい、もう1人のあなたに、
　その人は、あなたのことをずっと愛してきました、
　あなたが他の人にかまけて無視していた間にも、
　心底からあなたをわかっているのです。
　本棚からラブレターを出してしまいましょう、写真や絶望のメモも、
　鏡に映った姿から自分のイメージを剥ぎとりなさい。
　座りなさい。そして、人生を謳歌しなさい。

――デレック・ウォルコット

（訳者訳）

　なぜ、私はこれらの言葉に衝撃を受けたのでしょうか？　私が心動かされた理由は、完璧になろうとそれまでの人生の全てをかけて努力し続け、そして40年以上にわたって自分の影の側面と脆さを拒否していたからでした。この詩を耳にした瞬間、自分の好きではない部分を拒否し、他人の目から隠そうとしていたのだとようやく気づいたのです。私の短気なところ、他者に対する挑戦的な態度、頻繁な攻撃的行動がこれらに該当します。

　遠い昔、中学生の頃ですが、私はやせっぽちで、自分より体の大きな子たちからいじめられていた記憶があります。さらに悪いことに、私はこういった自分の性格の全てを、当時すでに亡くなっていた父のせいにして恨んでいました。私の性格と父の性格は似ていました。その性格は切り離せない私の一部であると受け入れられなかったのです。この詩のおかげで、私はやっと自分の欠点をすべて受け入れることができるようになりました。

　一度受け入れると気づくことができました。私は、自分のすべてを愛することができます。自分の良い部分だけではありません。他の人との関係においても、今まで以上に自分らしい自分でいられるのです。さらにもっと重要だったのは、ありのままの自分を、欠点も何もかもすべてを受け入れることで、とても解放された自分になれたことでした。

 ## 演習4.2：タマネギの皮をむく

> **目的**　あなたがより深く自己承認できるように手助けをすること。まず、自分に誇りを持てない領域があることを受け入れる。

演習4.2-1　あなたにとっての「影の側面」は何でしょうか？　つまり、あなたが誇りを持てない側面、わかっていても認めたくない性格や特徴、特に露呈したくない弱点だと感じているのはどのようなものですか？

_____

_____

_____

　多くのリーダーたちは、自分の強みが実際には脆さや弱点と密接につながっているのだとわかっています。自分を構成している側面のいくつかは、受け入れがたいものかもしれません。でも、私たちが最も誇りに思う側面と同じように、そういった側面も今ある自分と不可分だとわかれば、強さと弱さの両方を持った自分自身をもっと容易に受け入れられるでしょう。結局は、強さも弱さも同じコインの裏表にすぎません。弱さも、強さと同じように私

たちの一部でしかありません。両方の側面と健全な関係を築くことが重要です。

　そうすれば、一層深く自己承認ができ、やがてはより気楽にあるがままの自分でいられるはずです。あるがままの自分、それは毎日必死になって世の中にアピールしようとしているような、経歴書に書き込むような、身の丈を越えた姿とは違う自分のことです。

フィードバックを求める

　自己認識を高めるのに最も効果的な方法は、フィードバックを求めることです。私たちには皆、盲点つまり自分には見えなくても他者には見えている側面があります。他者の目を通してのみ、自らの盲点を知り、私たちが思う自分ではなく本当の自分を見ることができます。

　良い友人は、あなたがあなたらしくないとき、頑張りすぎているとき、つまり本物のあなたでないときに声をかけてくれます。真の良い友人は、あなたの盲点をわかってくれるだけでなく、あなたがちゃんと聞き入れるやり方で、その盲点を一緒になって話し合ってくれる勇気を持っています。

　盲点というのは、他者には見えていても（ときには痛々しいほどに）自分には見えないのです。盲点の部分を自己開発していく場合、何がわからないのかを当人がわかっていないことが問題なのです。しかも、わからないことそれ自体が、自分を傷つけることにもなります。

　車のサイドミラーに隣の車線を走るトラックが映らない死角があるように、盲点は簡単に見過ごされ、その存在に全く気づきません。「見えないの？あのトラックが」「そこにいるじゃないか！」。盲点もまた同様に危険なのです。トラックが見えないから、トラックにひかれないというわけにはいかないのです。

　ここで必要なのが、批評する人ではなく信頼できる人たちの助けを借りること。そういった特別な仲間たちを作っていかねばなりません。たとえて言えば、サイドミラーを言わなくても見えるように調整してくれる人たちです。彼らは、あなたにトラックが見えていないことがわかるだけでなく、そこにトラックがいると知らせなければと気にかけてくれます。大切なのは、こういった友人たちを探すだけではありません。重要なのは彼らとの関係を維持

することです。彼らのような人たちをいかに多く持てるかは、フィードバックをどう求めるか、どう対応するか次第です。この課題については、「第7章　サポート・チーム」で真正面から取り組みます。

　残念ながら、率直で誠実なフィードバックを得るのは往々にしてむずかしいものです。あなたも、私たちの多くと同じように率直なフィードバックを求めるのは得意ではないでしょう。気楽に連絡ができ、頼めば率直なアドバイスや意見をあなたが耳を傾けるように与えてくれる、そのような友人を何人持っていますか？

演習4.3：他者から正直なフィードバックを得る

> **目的**　率直なフィードバックを求め、受け入れる能力を探っていくこと。

演習4.3-1　あなたの人生において、率直で誠実なフィードバックを期待できる人の名前を挙げてください。

_____

_____

_____

　何人の名前をリストに記入できましたか？　この事実をしっかりと把握してください。ここが、第7章でサポート・チームについて取り組むための深い対話へのスタートです。

　私たちのほとんどは、本当のところは率直なフィードバックを望んでいません。率直であればあるほど、得てして耳には痛いものです。私たちは皆、肯定的なフィードバックが欲しいはずです。また、高い達成欲求があるのなら、なおさら肯定的なフィードバックは必要です。他者から常に注目されたいし、力も借りたい。ところが、失敗を指摘してくれる人たちを自分の周囲に持つ勇気のある人は少ないでしょう。ましてや、厳しいフィードバックを求めながら、規律ある人生を送る勇気を持っている人たちはもっと少ないは

ずです。

演習4.3-2　率直で少し耳に痛かったフィードバックを、最後にもらった
のはいつでしたか？　そのようなフィードバックが出てきた状況やフィー
ドバックをくれた人との関係性はどのようなものでしたか？

演習4.3-3　そのフィードバックはどのような内容でしたか？　あなたは
どのように反応しましたか？　フィードバックの内容と、提供してくれた
人について、あなたはどう感じましたか？

演習4.3-4　その状況やフィードバックから何かを学ぶことができました
か？　学ぶものがあったとしたら、あなたはこの「ギフト」を受け取った
結果、何を学び、何を変えましたか？

　あなたが認識している自分の長所、短所、脆さ、そして影の側面を、非常
に親しいと思う誰かと共有できるのであれば、できるだけ早い機会に彼ら／
彼女らに次の質問をして、質問に対するフィードバックを求めることを勧め
ます。

演習4.3-5　「あなたは、私のことをどのように思い、受け止めていますか？」。この質問で得たフィードバックから学んだことを記述してください。

_____

_____

　この質問に対するフィードバックを受け取ったとき、かなりの確率で、一部はあなたを驚かせたのではないでしょうか。そうであれば、その驚き（あなたには見えていないけど、他の誰かには見えているあなたの側面）は、あなたの潜在的に重要な盲点を示しています。それらを見失わないでください。これが自己認識の旅のすべてです。つまり、できるだけ多くの異なる情報源から厳しいフィードバックを求めて、示された盲点を知るよう努めてください。そして、今までよりも明確になりつつある自分のイメージにその盲点を取り込んでください。

演習4.3-6　あなたの盲点とは何でしょうか？

_____

_____

自分自身について学ぶこと、それは継続するプロセス

　私たちが研究を通して学んだのは、オーセンティックなリーダーたちは常に他者から率直なフィードバックを求め、自分が彼らにどう映るかを点検・確認していることでした。彼らはそういったフィードバックを自らの言動に組み込むために、定期的に省察と内省を実践しています。インタビューの中で多く耳にしたのは、日記、瞑想、スピリチュアルな習慣、そして運動といった省察と内省に関連していることを自分の鍛錬として、より深い自己認識を得るために広く実践しているというものでした。

　こういった方法を、自己認識と自己承認に役立てるためには２つの鍵があります。１つは自分自身に対するのと同様に、人生で少なくとも自分以外の１人に対して完全に正直であること。もう１つは日常の習慣として時間を創り、内省を日々のルーティンにすることです。

　自己認識の目標は「自分を知る」であり、究極は自己承認です。つまり、

今の自分だけでなく今後なり得る自分も自己承認しなければなりません。

 ## 演習4.4：自己認識と自己承認に関するポイント

> **目的** これまで行ってきた演習を１カ所にまとめて、自己認識と自己承認の向上を目指す旅路のどの辺りに現在いるのかを把握すること。

演習4.4-1　これまでに行ったすべての演習を通して、改善が必要だと思う上位３つの領域を挙げてください。

1 _____

2 _____

3 _____

演習4.4-2　自己認識を高めるために、どのような具体的な方法があると思いますか？

1 _____

2 _____

3 _____

演習4.4-3　あなたは自分自身にどれほど満足していますか？　また、自己承認を高めるために何ができるでしょうか？

_____

_____

_____

自己認識は成長への準備

　この章では、自分らしくあるための基盤となる自己認識を紹介しました。高いEQ（こころの知能指数）を持つオーセンティック・リーダーたちは自分自身をよく知っています。彼らは自己認識だけでなく、自己承認もできて

いて、あるがままの自分でいることに満足しています。また彼らは、自らの長所と短所を健全にバランス（共存）させています。彼らにはしっかりとタマネギのすべての層が見えていて、それぞれの層が独自の個性にどのように寄与しているのかを理解しています。そういった自己理解を梃子にして、オーセンティック・リーダーは持続的に成長していくのです。

　自らを知ることの最も重要な側面は、私たちのコアとなる価値観です。つまり、私たちが最も大切だと思うもので、私たちの存在そのものを定義し、かつ生命を吹き込む中心的な信念です。次の章では、この価値観、つまりトゥルーノースへと続く道のりで中心となる道標を見極めるサポートをしていきます。

キーポイント

- ●トゥルーノースを発見するためには、脆さをさらけ出す意欲と正直な省察が求められます。
- ●EQ（こころの知能指数）を高める方法は、自己認識、自己規制、共感の３つに取り組むことです。
- ●タマネギのように私たちの中にはいくつもの層があります。外皮は私たちを守ってくれますが、あるがままの自分を見ることを妨げてしまいます。自分をごまかせても、他者の目はごまかせません。
- ●（EQを高めることは）自分ひとりではできません。
- ●意味のあるフィードバックを求めて受け入れることが、潜在的に危険な盲点を特定して排除する唯一の方法です。
- ●自己認識は、自己承認に必要な第一歩です。
- ●自己認識と自己承認をさらに高めるプロセスは、生涯にわたる旅です。

第5章

価値観

まだ誠実さが足りないのではないかと絶えず自らを監視することで、
私たちは誠実さを高めようとします。私たちは皆、偽善者です。
私たちは皆、本心とは別の価値観を持って生きています。
そして自らの偽善に向き合うことを拒否します。
しかし、自分の偽善に向き合うことこそが変わるための潜在的な原動力です。
誠実さと偽善のギャップを埋めたいと思えば、大きな痛みが伴います。
でも、勇気を出して変えていくのです。
不確実性を恐れるのではなくて、喜んで迎え入れるのです…

――ビル・トルバート

（訳者訳）

　重要なのは、自分の真の価値観とリーダーシップの原則、そして倫理境界線を明確にして、リーダーシップをとるときに実践すること。自分の価値観を実践すれば、健全な意思決定ができます。さらに重要なのは、他の人からの信頼が得られることです。プレッシャー下の行動を自ら批評眼で見ることで、過去からの学びが得られるはずです。過去には、自分の価値観に従って生きていた時代と、そうではなかった時代の両方が含まれます。

　この章で、自分のコアとなる価値観を定義します。次に、これらの価値観を関連するリーダーシップの原則（実践価値）へと変換します。最後に、あなたが越えてはいけない倫理境界線を定義します。

価値観は個人的なもの

　私たちを形作るのは、自らの価値観と、それを正しく実践する生きざまです。首尾一貫して自分の価値観を実践することで、仕事と生活に意味がもたらされ、言行が一致した真の自分になれるはずです。周囲から信頼されるか否かは、あなたが困難な状況下でも自分の価値観を実践しているかを彼らが

どう見るかによるでしょう。そういった瞬間を周囲は覚えていて、何年か経っても、あなたが安易に間違った道を選んだのではなく、困難だけど正しい選択をしたのだと褒め称える瞬間になるのです。

　どのような状況であれ、リーダーである以上、周囲はあなたの行動を観察しています。行動が価値観を表現しているからです。彼らは、あなたの行動がもたらす効果だけでなく、行動そのものや選択の方法にも目を向けています。先人たちによって失われた信頼だけでなく、自らの行動で失われた信頼を回復することは、私たち全員が直面する最も困難で重要な課題の1つです。

　すべての価値観がリーダー全員によって共有されるわけではありませんが、「誠実さ」はオーセンティック・リーダーに目指す人に求められる価値観の1つであると私は思っています。本章の冒頭の引用からもわかるように、実際にコアとなる価値観に従って生きるには、そうではない部分も自ら進んで見つめ、ギャップを埋めて次のレベルの習熟へと到達しなければなりません。

価値観、原則、倫理境界線を見定める

　トゥルーノースに従って行動するには、何が自分のトゥルーノースなのかを知るだけでなく、どう実践に移せるのかも知らなければなりません。すでに価値観や原則、倫理境界線を明確に理解できている人たちは、プレッシャー下でも、むずかしい決断やジレンマをよりうまく乗り切る準備ができています。

 ## 演習5.1：価値観を見定める

> **目的**　あなたのリーダーシップを定義するコアとなる価値観、つまり人生に不可欠な究極の価値として大切にしている価値観を見定めること。

〈パートⅠ　コアとなる価値観を発見する〉

　私たちが見つけようとしているコアとなる価値観は、「あなたは何者なのか」の中心にあって、「リーダーとしてのあなた」を左右します。そうありたいと願う価値観や好ましい価値観を求めているのではありません。いかなる状況下でも、「変わらない自分であること」に不可欠な価値観を発見して欲しいのです。これらの価値観を見つける方法の１つは、試練の物語というレンズを通して探すことです。つまり、試練を一層困難なものにした価値観や、道に迷ったあなたを引き戻してくれた価値観が必ずあるはずです。こういった価値観は、あなたの教師であり、時間の経過とともに、良い面と悪い面の両方で「あなたは何者なのか」を明らかにしてくれます。

「試練の物語」（演習3.2）を見直してから、次の質問に答えてください。

演習5.1-1　自分の試練について、どの価値観が試練の深刻度を高めたのかをいくつでもいいので書き出してください（価値観の例については、章末にある価値観リストを参照してください。リスト以外にも自由に書いてください）。

_____

_____

_____

演習5.1-2　どのような価値観が試練を乗り越えさせてくれましたか？いくつでもいいので書き出してください。

_____

_____

_____

演習5.1-3　これらのコアとなる価値観は、あなたが回答した最も誇らしいリーダーシップ経験（演習1.2-1）の中で、どのように説明されていますか？

_____

〈パートⅡ　あなたのコアとなる価値観〉

演習5.1-4　パートⅠで作成した価値観リストを３つに絞り込んで、「あなたの人生」と「オーセンティック・リーダーとしてのあなたは何者なのか」にとって重要だと思う価値観だけを重要度に従ってリストアップしてください。これらが、あなたのリーダーシップを定義するコアとなる価値観です。

1

2

3

〈パートⅢ　コアとなる価値観を明確にする〉

　リーダーシップをとる際の課題の１つは、誠実さや他者へのリスペクトといったコアとなる価値観を単に述べるだけでは不十分だということ。私たちの文化的背景や人生行路はそれぞれ違っていて、その違いはある既定の価値観から連想される意味にも大きな影響を与えています。その価値観を人生のどの時点／場所で、どう生かすかが一段と大切です。あなたの定義は他の人の定義と一致しないかもしれませんが、それはそれでいいのです。

　以下は、私たちのプログラムの中で回答された「インテグリティ（＊）」に関する定義が個々人によって非常に異なるという例です。それぞれが異なる文化的規範のもとで育ち、活動していることが、彼らの定義に大きな影響を与えています。

〈定義例１〉他の人にすべての真実を伝え、ビジネス上のいかなる問題においても法律の範囲内で行動する……誠実さ、真摯さに近い定義。

〈定義例２〉私が成功することで、私の家族と近親者全員がその恩恵を受け、良い就職の機会と経済的な富を得られるようにする……献身に近い定義。

（＊）インテグリティ（integrity）：「誠実」「真摯」「高潔」などの概念を意味する。主に欧米企業で経営方針や社員が持つべき価値観として頻繁に使われるようになり、次第に企業経営や組織マネジメントの領域でも使われる用語となった。近年では特に、組織を率いるリーダーやマネジメント層に求められる重要な資質である「誠実さ」を示す表現として用いられている。

　これらとは別に、さらに異なる定義をイメージするのはむずかしいでしょう。重要なのは、「あなたのコア・バリュー」の正統な定義、つまりあなたにとっての真実の定義を作成することです。

演習5.1-5　パートⅡであなたがリストアップした価値観を表5.1に記入してください。また、どのような「行動/状況」に生かしたかを踏まえて、それぞれの価値観を定義してみてください。

表5.1：あなたの価値観の定義

	価値観の呼称	価値観の定義 （どのような行動／状況に生かしたか）
1		
2		
3		

〈パートⅣ　困難に直面しているときに価値観に従って生きる〉

　物事が順調に進んでいるときは、首尾一貫して自分の価値観を実践することは比較的容易です。あなたが本当に試されるのは、物事が思い通りにいかないときや何年も続いている成功が脅かされるときです。そうなったら、あなたはどうしますか？

　プレッシャー下であなたが何をするかを周囲は見ています。あなたが灼熱のような試練に見舞われているときです。この危機を乗り越えるために、「ほんの少しだけだし、また元に戻るから」と自分の価値観から逸脱しますか？　もしそうであれば、周囲は、もはやあなたを「有言実行の人」だとは見ないでしょう。あなたの行動を見て、彼らもプレッシャーのもとで価値観から逸脱してもいいと考えるようになるかもしれません。

　プレッシャーが和らいで元の価値観を実践するようになっても、次に同様の困難な状況に陥ったときには再び逸脱したくなるでしょう。最初の逸脱で何の問題も起こらなかった場合はなおさらです。

　さらに厳しく試されるのは、あなたが権限を持ち、かつ最終的に組織の命運を預かっているときに何をするかです。

> 多くの人は逆境に耐えることができるが、本当にその人を試したかったら、権力を与えてみるとよい。
>
> アブラハム・リンカーン

演習5.1-6　これまでの人生経験の中で、困難な状況でも自分の価値観に忠実であったと言えますか？　それとも、そうではなかった場合はそのことを認めますか？

_____

_____

_____

演習5.1-7　人生経験を振り返って、あなたが目標を達成するために自分の価値観から外れてしまった状況について記述してください。

_____

_____

_____

演習5.1-8　将来、上で回答したときと同じような状況に直面した場合、どうすればより適切な対処ができるでしょうか（たとえば、あなたは自分自身に忠実であり続けるために助けを求められる人はいますか）？

_____

_____

_____

〈パートⅤ　価値観の衝突を探る〉

　私たちにとって最も困難な瞬間というのは、自分のコアとなる価値観に反しているときではなく、むしろ2つの相容れない価値観が衝突しているときに訪れます。

　私たちのほとんどが経験する基本的な衝突が起きる例として、ある人物と強い友情でつながっていながら、彼の能力がプロジェクト（計画や事業など）に見合っていない場合が挙げられます。友情の価値観が、プロジェクトで「A評価」を得たいという価値観と衝突します。友人の能力不足のために、自分がさらに一所懸命働けばいいのか、それとも高い能力を持った人材に置き換えるべきなのか……。

　オーセンティック・リーダーシップというのは、こういった瞬間にどう対処するかによって定義されます。

演習5.1-9　あなたの人生経験をもう一度見直して、リストアップした価値観のうち、少なくとも2つが衝突した状況を記述してください。

_____

_____

_____

演習5.1-10　この衝突をどのように解決しましたか？

_____

_____

_____

演習5.1-11　その結果に満足しましたか？　今後同じようなことが起これば、何か別のやり方で対応すると思いますか？

_____

_____

_____

リーダーシップの原則 ── 価値観を実践可能にする

　これまでの演習で見えてきたと思いますが、コアとなる価値観を100%実践することは、まだ旅の途中のことであって最終目的地ではありません。私たちは常に、ギャップを埋める方法、またはコアとなる価値観をより尊重できる旅路を進んでいける方法を探しています。そのためには、一連の実践行動と正確なフィードバックを得る方法を特定しなければなりません。習得したいと思う他のどんな分野でも、同じことが言えるでしょう。表向きのリーダーシップの役割だけでは課題が増えるばかりです。その理由は……、

（A）強いプレッシャーの下（リーダーとしての孤独の中で）、あなたが頼れる唯一の価値観は、これまでの人生で試し、成果を出した価値観のみだから。

（B）誠実さや信頼といった価値観の意味が劇的に異なるグローバルな世界では、価値観に従ってどう生きるか（何を言うかではなく）が最も大切だから。

（C）今日の世界では、24時間年中無休の透明性が保たれているため、あなたの言葉と行動に少しでもずれが生じると、あなたのイメージは大幅に低下するから。

　したがって、価値観が本当に重要となったときに実践できる可能性を高めるプロセスが鍵になります。そのために、あなたが価値観を実践するリーダーであると、周囲が受け止められるように行動に移していかねばなりません。しかし、自分ひとりでは実行できません。確かに自力で実行できる十分な強さをも持つべきだという通念はあるでしょうが、単なる通念にすぎません。

　私たちが今日生きている複雑なグローバル世界では、正確なフィードバックを提供してくれる人たちが必要です。彼らのサポートを得て、言葉と行動の整合性を最大限に高めることができます。そして、リーダーシップの原則が要となって、自分たちの価値観をリーダーシップのトゥルーノースへとつなげられるようになるのです。

◎リーダーシップの原則を特定する◎

リーダーシップの原則　自分の価値観をどのように実践するかを明確にし、有益なフィードバックとサポートを得るための目に見えるよう実践する行動。

　幸いなのは、たとえば仕事時間の90〜95％は、自分の価値観に従うことができます。ところが、残りの5〜10％はそれらの価値観を実践するのが困難な時間になります。これから特定する原則がその困難な時間を乗り切るのに役立ちます。

　次の2つの質問を参考にして、演習を進めてください。

- あなたのコアとなる価値観が最も試されるのはどのような状況ですか（その価値観に従うのが大変困難だと感じる時間に相当する状況）？
- こうした状況について、正確で協力的なフィードバックをどのように求めますか？

　以下は、共著者のニック・クレイグが、彼のリーダーシップの原則に組み込んだ価値定義の例です。

　「真実」は私のコアとなる価値観の1つです。私が自分の人生で気づいたのは、自分の価値観に従って生きるのはとても簡単だと思えるときがあるということ。「真実」というのは、周りの人たちが彼らの人生経験をより深く掘り下げられるように手助けするとか、自分の洞察に反する論文や記事であっても受け入れたり、シェアすることでもあるのです。そのおかげで、私自身についての多くの深い真実を発見できました。

　私が正式なリーダーシップの役割を担っているとき、自分のやり方についてより深い意味で「真実」を明らかにしたいという意欲が損なわれたことがあります。私自身の自己基準のレベルが非常に高いため、他人の意見に抵抗しがちでした。この時点でようやく気づいたのですが、「真実」が本当に私にとってコアの価値観であるのなら、それをリーダーシップの原則としておく必要があったのです。

　（ニックの）「真実」の定義　表面的なストーリーの奥にある、より深く、より強力な洞察。

（ニックの）「真実」に対するリーダーシップの原則　他の人たちがリーダーである私を、実際にはどのように感じているかを定期的に受け入れる。

　以下の行動を遵守すること。

- **毎月**　ジョン（筆者とは15年間のつきあいで、私にありのままを話すのは全く問題ない！）と点検作業のための1時間を設けて、他のスタッフが重要な会議で私をどのように感じているかをレビューする。
- **年に1回**　リーダーシップ・プログラムを提供する際に使うファシリテーター全員とメイン・クライアントにインタビューを受けてもらい、我々の組織だけでなく私自身のリーダーシップについてのフィードバックをもらうようにしている。

　私はリーダーシップに関するプログラムを教えるのが大好きですが、自分がリーダーだとは思えないときがあります。でも、主要なフィードバックによると、他の人たちは私をリーダーだと見てくれているようです。だから私はリーダーでなければなりません。私たちのほとんどに当てはまるのでしょうが、実際にリーダーとして経験しているよりもはるかに多くの状況下で、周囲の人たちが私たちをリーダーと見なしているのだと思います。

　過去2年間、上記の実践行動を行ってきてわかったのは、聞くのが最も辛いフィードバックというのは自分がうまくいっていると思っていることに対するものでした。それでも、ときには自分に猿ぐつわをかませて（反論しないように）、周りに映っているイメージと現実の私とのギャップを学ぶようにしました。毎月チェックアップをしたおかげで、タイミングを外すことなく、これらの問題に対処できました。

　この例で気づいて欲しいのは、彼の旅路には他の人たちからの協力が含まれているということ。これが、自分の価値観をどのように生きるのかを探求するうえで、大変重要な要素になります。

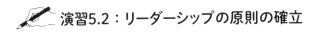

演習5.2：リーダーシップの原則の確立

　自分の価値観とその相対的な重要度を明確につかんでいれば、リーダーシップの原則を確立できます。つまり、リーダーシップの原則とは、自分の価値観を実践に移すことです。たとえば、「他人に対する配慮」という価値観をリーダーシップの原則に置き換えると、「社員の職務貢献が尊重され、雇用の安定が保障され、能力を思う存分に発揮できる職場環境を整える」といったことになるでしょう。

（『True North リーダーたちの羅針盤』　P 203〜204より）

> **目的**　コアとなる３つの価値観（演習5.1-2）を取り上げて、リーダーシップの原則を作成すること。

価値観１ _____

演習5.2-1　価値観１を実践に移す状況や場面を思い浮かべ、リーダーシップの原則に置き換えてみてください。

_____

_____

_____

価値観２ _____

演習5.2-2　価値観２を実践に移す状況や場面を思い浮かべ、リーダーシップの原則に置き換えてみてください。

_____

_____

_____

価値観３ _____

演習5.2-3　価値観 3 を実践に移す状況や場面を思い浮かべ、リーダーシップの原則に置き換えてみてください。

_____

_____

倫理の境界を確立する

> どこであろうと不正というのは、あらゆる正義への脅威になります。
>
> 私たちは、避けられない相互に関係するネットワークの中に組み込まれていて、運命という一着の衣服の中で結ばれているようなものです。
>
> 1 人の人に直接影響を与えるものは何であれ、全ての人にも間接的に影響を与えます。
>
> マーティン・ルーサー・キング
>
> （バーミンガム刑務所）

明示的な倫理の境界が、トゥルーノースを見失わないための最後の防衛線になります。価値観の対立に直面して、どちらかを選択せざるを得なくなるとか、リーダーシップの原則を実践できない場合があるでしょう。こういうときでも、決して超えてはいけない線を倫理の境界が明確に示してくれます。

たとえば、メドトロニック社でビル（ジョージ）が仕事の一環として、医師を会食やスポーツ観戦に招待したり、魅力的なリゾートで研修するなどは、価値観の「グレー・エリア（グレーゾーン）」に分類され、倫理上の問題はないと見なされるでしょう。一方、世界中のどこであっても顧客に贈り物や感謝の印として現金を渡してしまえば、ビルや会社の倫理の境界線に違反することになるでしょう。そして社員がこの境界線を超えてしまうと、組織にとってどれほど価値のある人材だとしても即座に解雇されるでしょう。

一部のリーダーたちは私たちのやり方を取り入れて、倫理の境界を小さなカードに書き留めて、財布、札入れ、ブリーフケース、または機内持ち込み

手荷物に入れて持ち歩いています。このようなリストを作成した後も、定期的に見直しすることが重要です。つまり、境界線が緩んできていないか、今の境界で十分なのかどうかを率直に自己査定することが大切です。

　明確な境界を決めておかないと、最初はちょっとした逸脱でも大きな逸脱へとつながるのだと、のちのちようやく気づくことになります。もし、早期に逸脱を発見できない場合はなおさらのことです。その時点になって、ようやく自分たちの行動が倫理基準から大きく外れていて、元に戻る術がないのだと知るのです。倫理的な逸脱を認める勇気がないリーダーたちは隠蔽しようとするかもしれません。そういった隠蔽は往々にして、逸脱したこと自体よりもはるかに大きな結末をもたらします。

　より望ましいのは、現実社会で避けられないプレッシャーや誘惑の下で、あなたの倫理が試される前に、自らの倫理の境界を確立して準備をしておくことです。

 ## 演習5.3：倫理的境界線を特定する

> **目的**　あなたのリーダーシップにおける倫理の境界を特定し、定義すること。

演習5.3-1　空欄に当てはまる内容（複数可）を記述してください。

私は常に＿＿＿＿＿＿＿＿する。

_____

_____

_____

私は決して＿＿＿＿＿＿＿＿しない。

_____

_____

_____

演習5.3-2　あなたの人生経験の中で、倫理の境界が試された状況を記述してください。

演習5.3-3　その状況にどのように対応しましたか？

演習5.3-4　将来、同じような状況に直面した場合、上の回答とどのように違う行動をとると思いますか？

あなたの倫理の境界を試す新聞記事テスト

　想像してみてください。仕事や家庭生活での難題に対して、あなたが取り組もうとしていることが、新聞の一面で目をくぎ付けするように報道されようとしています。鮮烈に文字化されたその記事を、あなたの同僚や友人が読むとしたら、あなたは誇りに思いますか、それとも恥ずかしいと思いますか？

　目を閉じて、あなたの直観に耳を傾けてください。

　あなたの意思決定と行動について、パートナー、両親、またはあなたの子どもに話す場面を想像してみてください。

　深呼吸をして、胸に手をあててみてください。

　この状況であなたがすべき「正しい」ことは何ですか？　その記事が公開されることを誇りだと思えないと答えた場合は、自分の行動を

再検討し、それを修正できる方法を探す必要があるはずです。

実践で得られる、価値観・原則・倫理境界のベネフィット

　この章では、あなたのコアとなる価値観を特定して、実践可能なものにしました。あなた「らしい・ならでは」の価値観を見いだして得られたものです。その価値観は試練というレンズを通して明らかになりました。自らのトゥルーノースを見失わないためには、軌道に乗っていることを知らせ、そうでないときには、警告してくれる明確な指示器を持っていなければなりません。

　実践可能なリーダーシップの原則（実践する価値観）を定義するプロセスを通じて、価値観を日々実践するには何が必要なのかが、わかるようになったと思います。そして、倫理の境界を明確に定義すれば、視界を遮る灰色の影のような危険を避けることができます。次の章では、私たちの真のモチベーションと、それが私たちのコアとなる価値観にどのように結びついているかを探っていきます。

 キーポイント ━━━━━━━━━━━━━━━━━━━━●

- コアとなる価値観はあなた独自のものです。
- プレッシャー下で試されるまで、何が自分のコアとなる価値観なのか気づいていないかもしれません。
- 自分の価値観が衝突する状況に対処することで、どの価値観が自分にとって重要であるか否かが明らかになります。
- リーダーシップの原則に従えば、自分の価値観を日々どのように実践すればよいかが定まります。
- 事前に倫理の境界を確立しておくことで、困難な状況に追い込まれたときに何をすべきかが明確になります。

価値観リスト（カテゴリー別）

交友関係・コミュニティ	
協調・調和	調和、ハーモニー、他者と協力する、連携、協力
コミュニケーション	オープンな対話
コミュニティ	地域社会、支援グループに所属
誠実	正直、ウソをつかない
他人への思いやり	配慮、他人を援助する、気遣う、敬意を払う、他人の名誉を尊重する
礼儀	他者に対して礼儀正しく接する
受容	あるがままの自分を受け入れる、自分に自信を持つ、自分を深く理解する
忍耐	最後までやり通す、我慢
柔軟性	

個人・家庭生活	
愛情	愛、愛慕（愛を与える）、愛国心、寵愛（愛される）
安全・安定	安心感がある、一定した変化のない人生を送る、安定性
家族	家族と過ごす、幸福な家庭を作る
関係性	所属、親密さ、つながり、プライベートな経験をシェアする、友情
寛大・寛容	細かいことを気にしない、他人に与える、過ちを許す、自分と違う存在を受け入れる
希望	希望、ポジティブに生きる
競争	競争、人に勝つ、人より抜きん出る
規律	節制、節度ある行動、秩序ある人生を送る、法規範、時間厳守
健康	健やかで体調を整える、丈夫で強い身体を保つ
見識・知識	知恵、分別、知識を身につける
向上・改善	個人の成長、努力、発展、進歩、仕事に打ち込む、より高いレベルを目指す

個人の成長	
成長	変化と成長を維持する、内面の葛藤を解消する
自由	
情熱	
自立・独立	自分の行動をコントロールする、人任せにしない、自分で決める、他者に依存しない
正義	全ての人を公平に扱う
成功	繁栄、欲しいものを手に入れる、富、金、有名、名声
精神性	精神的に成長して成熟する、より道徳的な人間を目指す
挑戦	リスクをとってチャンスを手に入れる、限界に挑戦する、困難な仕事や問題に取り組む、権威やルールに疑問を持って挑む
審美	美しいものを味わう、見た目・身なりをよくする、身体的な魅力を持つ
平等	公平性、標準化
変化	バラエティ豊かな人生を送る、変容
冒険	刺激に満ちた人生を送る、ワクワクする体験をする、新たな体験や発想にオープンになる
勇気	怖れを克服する
喜び	喜びに満ちた人生を送る、生や存在の喜び、楽しみ、余暇を楽しむ
仕事・キャリア	
完璧	正確、的確
合理性	理論的で道理にかなっている、理性と理論に従う
効率	時間とリソースの最大活用、スピード、整理整頓
コミットメント	決断力、誓約、決意、約束
成果	結果志向
成功	目標達成

正当性	
責任	責任ある行動
多様性	多様性
チームワーク	共通するゴールを目指して協力する
能力	技能、仕事や作業に習熟する、専門性、卓越性、処理能力、反応の速さ、明瞭さ、有能感
リーダーシップ	
現実的	実践的、実用性
権力・権威	周囲をコントロールする、他者に対して責任を持つ、指導する、地位、立場
社会生活	
安全・安定	治安の良さ、安全性
義務	義務と責任を果たす
社会・環境・地球	地球的視野
マインドフル	今の瞬間に集中して生きる
平安	非暴力、自分の内なる平和、穏やかさ、安らぎ、平成
信教	信仰、信条、信念
忠誠心	
貢献	他者や社会への奉仕、他人の役に立つ、世界の役に立つ
信頼・信用	信頼、信用
創造性	未来がもっと良くなる方法を探る、斬新なアイデア
献身・慈悲	庇護、奉仕、慈愛、善良、親切、友好
伝統	伝統を大切にする、受けつがれてきたことを尊重する、慣習

スイート・スポット

> リーダーシップの役割は、複数の強みを連結させて、
> 弱みを無害なものにすることです。
> ——ピーター・ドラッカー

「自分が得意なことをしているから、今は気合十分！」、誰にでもそんなときがあるものです。完全に流れに乗っているように感じるでしょう。こういった状況にいるときに、自分のスイート・スポットがわかるはずです。そこが最もイキイキとし、最もやりがいを感じ、最も密接に自分のトゥルーノースとつながっている場所と時間です。

　こういったときがどのようなものかをわかったとしても、そのスポットを見つけるのは容易ではありません。本編の第6章には、チャールズ・シュワブがそのことに関連して述べた記述があります。彼は、いくつかの道を試して、スキルを磨き、世の中で成功したいと努力していました。投資調査に目を向ける前は、法律家になろうとしましたがあきらめています。数多くのことを試しながら身につけた根気強さや回復力がようやく報われたのは、彼の強みとモチベーションの両方を実現するために独立したときでした。得意の数学を生かし、金銭的成功をおさめ、そして投資の機会均等を実現するといった彼の熱望を充たしてくれる仕事を見つけたのです。

　強みと好きなことを明確にし、それらを自分のリーダーシップをとる際に活用していけば、あなたはリーダーとしてさらに大きな成果をあげるでしょう。これが本書であなたに約束できることの1つです。なぜでしょうか？それは、あなたを疲弊させることに費やす時間を減らし、より多くの時間を喜びをもたらすことのために費やすからです。そして、あなたが本来情熱を傾けているもの、つまりコアとなるモチベーションを満足させられるからなのです。

　熱意をとるか、得意なことをとるか？　そのどちらかをとることで、妥協

しなればならない場合が確かにあります。しかし、最終的にほとんどの場合は、自分の熱意と強みの両方を生かせる場所に身を置くよう努めるべきです。

　リーダーとして継続した成果をあげ続ける鍵は、自分の強みを活かし、かつモチベーションを高めてくれる場所を見つけることです。このような場所を私たちは「スイート・スポット」と呼びます。

　この章の演習は、あなたがリーダーシップをとるためのモチベーションを知ることから始めます。

内発的および外発的なモチベーションを発見する

　明確で予測可能なモチベーションがある一方で、心の奥深いところにある力によって動機づけされることもあります。より深いモチベーションを理解するために、内発的と外発的という2つの異なるモチベーションのカテゴリーを考えてみましょう。

内発的モチベーション　あなたの内部に由来し、トゥルーノースと連動しているモチベーション。

外発的モチベーション　外の社会からもたらされるモチベーション。

　内発的および外発的という用語は、文字通り「内から」および「外から」を意味します。外発的モチベーションには、金銭的報酬、権力、評価、地位、権威ある団体、およびその他の社会的に成功を意味する事柄が含まれ、私たちの文化的基準における成功と一致しています。外発的モチベーション自体が問題ではありません。お金を稼ぎ、権力を握り、地位と影響力を享受することは良いことで、あなたの人生に喜び、安全、そして安らぎをもたらします。では、もっぱら外発的モチベーションに依存したら、何が良くないのでしょうか？

　私たちは外発的モチベーションに動かされるように訓練されています。特にビジネスの世界では、外発的モチベーションに反応してしまいます。ところが、物質的なニーズが満たされていても、自分の仕事には深い満足感が欠けているという感覚につきまとわれるときがあります。このつきまとわれる感覚を何度か経験している場合は、自分のリーダーシップの内発的モチベー

ションをいくつか省察してみる必要があるでしょう。

　リーダーが自分の内発的モチベーションの本質を知る機会は、ストレスの多い困難な時期や休暇中、または任務の移行期間中に訪れます。つまり、私たちがより内省的になっているときです。

　次の２つの演習で、あなたの外発的モチベーションと内発的モチベーションの両方を特定していきます。

◎外発的モチベーション◎

　表6.1は、一般的な外発的モチベーションの要因となるカテゴリーのリストです。最も強く響いてくる項目が、あなたを動かすものです。他にも重要なモチベーションがある場合は、「その他」の欄に記入してください。

 演習6.1：あなたの外発的モチベーション

演習6.1-1　表6.1に、人生経験で特定できる、あなた独自の外発的モチベーションの定義を記入してください。定義を加えたら、その威力と重要性の順にランクづけします（1が最も上位）。

〈回答例〉「金銭的報酬」の項目では、次のように幅広い定義が含まれる。

● 同僚の中では、自分の報酬は上位20％に属する。
● クレジットカードの請求書の支払いを全く心配する必要がない。

表6.1：あなたの外発的モチベーション

カテゴリー	私の外発的モチベーション	順位づけ
1　金銭的な報酬		
2　権力の獲得		
3　タイトルの獲得		
4　社会的な評価		
5　社会的地位		

6　他人に勝つ		
7　権威ある機関とネットワーク		
8　その他		

〈内発的モチベーションの重要性〉

　リーダーシップを発揮し続ける段階では、2つの対照的な課題に直面します。1つは、非常に有能で経験豊富なリーダーに、魅力的な外発的モチベーションが殺到すること。もう1つは、本物のリーダーになるには、内発的モチベーションにも忠実でなければならないということ。

　私たちは皆、成功の罠に陥る危険にさらされています。当面の収入がないと生きていけないという不安、やりがいのある仕事を続ければ出世街道を外れて報われないかもしれない、という恐れなどを抱くかもしれません。また、夢を追い求めようとすれば、危険を冒すのではと心配になるかもしれません。こういった恐れが原因となり、周囲が重要だと思う視点に惑わされてしまって、自分「らしさ・ならでは」を諦めてしまいます。他の誰かが重要だと考える視点を取り入れてしまうのです。

　世間からどれくらい注目されるかで自らを評価する人に限って、自分が相応しい能力を持っていないのではないか、という心配に悩まされます。そして競争相手と見なす人を対象に常に自分自身と比較してしまいます。彼らはトゥルーノースに従うことをためらい、従わないことのリスクには気づいていません。リーダーが外発的モチベーションに一方的に動かされるようになると、内発的モチベーションさえも外発的なものに置き換える罠にかかってしまいます。リーダーが、やりがいの代わりに富を、エクセレンスの代わりに評価を、意味や意義の代わりに地位を、そして社会に変化をもたらす能力の代わりに勝つことを求めているのなら、彼らはすでにトゥルーノースを見失ってしまっているのです。

　全米科学アカデミーが、キャリアの成功を予測または推進する際の外発的モチベーションと内発的モチベーションが持つ力についての調査報告をしています。ウエスト・ポイントの士官候補生1万1320人を対象にモチベーショ

ンに関する分析を９年間行っています。候補生のキャリアを追跡したもので、調査結果には説得力があります。主として内発的モチベーションでキャリアを選択した人は、顕著に高い確率で卒業後早期に昇進し、最初の５年間の任期を過ぎても陸軍に留まっていることがわかりました。

　では、あなたの奥深くにある内発的モチベーションとは何なのでしょうか？　繰り返しますが、私たちが求めているのは、あなた「らしい・ならでは」の定義です。自分に対する正直な言葉で語ることを忘れないでください。

演習6.2：あなたの内発的モチベーション

演習6.2-1　表6.2に、人生経験で特定できる、あなた独自の内発的モチベーションの定義を記入してください。定義を加えたら、その威力と重要性の順にランクづけします（１が最も強力）。

〈回答例〉「個人の成長と進化の項目」では、次のように表現できる。

- 人間の可能性について学ぶこと、そして見識を共有したいと思う人たちから学ぶことが大好きである。
- 自分の信仰（信条）を深め、生涯にわたって、そのことを示す方法を見つけたい。

表6.2：あなたの内発的モチベーション

カテゴリー	私の内発的モチベーション	順位づけ
1　個人の成長		
2　良い仕事をする満足感		
3　人の成長を支援する		
4　他者を導き、指揮する		
5　大切な人と一緒にいる		
6　努力に意味を見いだす		

7	自分の信念に忠実である		
8	世の中を変える		
9	他者に影響を与える		
10	その他		

◎モチベーションの罠を回避する◎

　外発的および内発的モチベーションの多くは、力を発揮する源になります。人が人生の意味や他者とのつながりを求めるのが自然であるのと同様に、評価と見返りを求めるのもごく自然なことです。どちらのモチベーションも、あなたの強みと連動しているのであれば、本物のリーダーシップにとっては重要です。

　ところが、重要な内発的モチベーションを外発的なものに置き換えようとすると、やる気が失せたり、不満を感じたり、苦痛に思うことさえあります。他方、ある種の外発的モチベーションは必要ないものとして、自身の利益よりも社会的な利益のために奉仕すれば、他者の成功に憤慨したり、悪用されるのではと怖れたり、金銭的な安定を心配するようになるかもしれません。モチベーションをバランスよく追求しないと、道を踏み外す危険が潜んでいるのです。

 ## 演習6.3：モチベーションの罠を回避する

> **目的**　表6.1と表6.2でそれぞれ特定したモチベーションについて、現在あなたの生活に潜んでいる罠を特定する。

演習6.3-1　あなたの人生を振り返って、主に外発的モチベーションによって動かされていた時期はありますか？　あれば、その時期と経験を書いてください。

演習6.3-2　上（演習6.3-1）で答えた経験は、どのような結果になりましたか？

演習6.3-3　あなたの人生を振り返って、主に内発的モチベーションによって動かされていた時期はありますか？　あれば、その時期と経験を書いてください。

演習6.3-4　上（演習6.3-3）で答えた経験は、どのような結果になりましたか？

リーダーシップの強み

　次に、あなたのリーダーシップの最大の強みを取りあげて、それらをどのように発揮しているかを考えてください。ギャラップ・リーダーシップ・インスティテュートの「ストレングス・ファインダー」を使用した調査で、「個人やリーダーは自分の最大の強みを発揮できる役割を担っているときに、最もやりがいを感じ成果をあげていること」が判明しています。

　このことは、ポジティブ心理学者のマーティン・セリグマンとミハイ・チクセントミハイの研究によっても裏づけられています。こういった一連の研

究の流れから、リーダーたちが強みを最大限に発揮できるポジションに彼らを配置することを重視するリーダーシップの考え方が生まれました。このアプローチは、これまでのものとは対照的なものです。過去のアプローチでは、弱さの克服を余儀なくされるポジションにつけることが研究の核となっていました。

演習6.4：最も強力なリーダーシップのモーメント　　　　　（ときと場面、契機）

> **目的**　人生経験をレビューして、あなた「らしい・ならでは」のリーダーシップの強みを発揮したときと場面を特定すること。

　外面的に大きな成功を収めたモーメント（たとえば、ゲームに勝つ、売上予測を30%上回るなど）だけでなく、より深く掘り下げて、内なる勇気（たとえば、会議で真実を話す、親戚の世話をするために仕事を離れる、兄弟のために立ち上がるなど）を発揮できたモーメントを考えることも重要です。この演習では仕事以外の経験や若い頃の経験も含めます。リーダーとしての自分を誇りに思ったときと場面を選ぶようにします。

演習6.4-1　　表6.3に、これまでの人生で最もリーダーシップを発揮できたと思う経験を挙げてください。

演習6.4-2　　記入したそれぞれの経験について、あなたの内発的モチベーションと外発的モチベーションをどの程度活用したかを評価してください（1～5のスコア／5が最大）。

演習6.4-3　　全体を通して、最も達成感のあった経験には1、次にやりがいがあった経験には2というようにすべての経験について評価してください。

表6.3：あなたのリーダーシップ・モーメント（リーダーシップを発揮できた「とき」「場面」「契機」）

演習6.4-1	演習6.4-2		演習6.4-3
リーダーシップ・モーメント	内発的モチベーション	外発的モチベーション	達成感の順番

演習6.4-4　リーダーシップを発揮できたモーメントを見て、内発的および外発的なモチベーションの重要性にどのような共通点があるでしょうか？

_____

_____

_____

◎リーダーとしての強みを発見する◎

　リーダーとしての、あなた独自の強み（複数可）を探していきます。たとえば、以下のような強みがあります。

マネジメント力　メンバーのモチベーションを管理できる／メンバーの意見に対して目的とずれていないか確認できる／話し合いの方向や目的がずれているときに、軌道修正ができる／メンバーの能力を引き出せる役割分担ができる

俯瞰力	実際に何が起こっているのかを察知できる／埋もれた可能性を見いだせる
計画性	目的・目標の達成に向けて、適切な計画を立てることができる
統率性	周囲の人を巻き込むことができる／対話を通して、チームやグループの団結力や一体感を高められる
指導力	客観的な立場や視点でメンバーの指導ができる
意思決定力	責任感を持って意思決定ができる／達成しようとしている目的・目標に関連づけて意思決定ができる
行動力	口だけでなく、ことを起こすことができる／チームやグループの先頭に立って主導権をとれる
先見力	目的・目標とメンバーの情熱に沿って、一歩先をみることができる

 演習6.5：リーダーとしての強みを発見する

> **目的** あなたのリーダーとしての強みを発見すること。

演習6.5-1　表6.4に、あなたの過去の経験から独自のリーダーシップの強みを特定してリストアップしてください。次に、リーダーシップにおける強みを1〜5でランクづけします。1を最大の強みとします（上で挙げた例を使ってもかまいません）。

表6.4：私のリーダーシップの強み

リーダーシップの強み	ランク

　次に、表6.3で作成したリーダーシップ・モーメントを振り返って、実際
の経験を見ていきます。

演習6.5-2　表6.3のリーダーシップ・モーメントを振り返り、強みを最
も活用できた経験を１つ選んでください。

演習6.5-3　なぜあなたは、この状況で成果をあげられたと思いますか？

スイート・スポットを使用する

　あなたの最大の強みを最も強力なモチベーションと連動させることは、追
い風に乗って飛ぶ、流れに乗ってパドリングする、下り坂を自転車で駆け下
りる、あるいはハイオク・ガソリンで運転するようなものです。周りの人た
ちから「波に乗っているね」と言われるのと同じ状態です。私たちは、強み
とモチベーションが連動している場所を「スイート・スポット」と呼びます。
これは、野球のバット、テニス・ラケットやゴルフのドライバーをスイング
して、ボールに最も力が伝わる場所にちなんだ用語です。スイート・スポッ
トに当たれば、ボールの軌道を確かめるまでもなく、そこに当たったのだと
わかります。そして、あなたの経験が強力な予測診断ツールとなって、将来
どこで優れた成果を出せるのかが見えてくるはずです。

演習6.6：スイート・スポットの定義

演習6.6-1　表6.1から、外発的モチベーションの上位３つを以下の図に書き入れてください。

演習6.6-2　表6.2から、内発的モチベーションの上位３つを以下の図に書き入れてください。

演習6.6-3　表6.4から、リーダーとしての強みの上位３つを以下の図に書き入れてください。

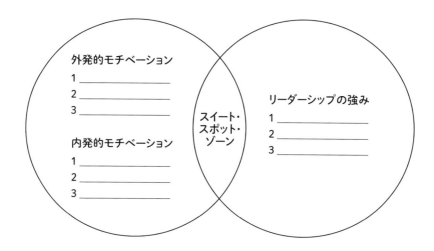

今日現在のスイート・スポット

　自分のモチベーションと強みを連動できる場所が見つかったら、それがスイート・スポットです。つまり、どんな状況下であっても、おそらく最大限の成果をあげられるスポットが見つかったのです。

**演習6.7：スイート・スポットでどれだけスムーズに
活動できているか**

> 目的　今日現在のあなたの状況を確認すること。

演習6.7-1　表6.4で、過去12カ月を振り返り、あなたの活動日1日の少なくとも5％を占める主な活動内容をそれぞれ特定します。
（回答例：主催する会議、参加する会議、戦略的計画、管理業務、講義への出席、ケースの準備など）。

演習6.7-2　それぞれの活動をあなたの強みをどの程度必要としたかを1～5までのスコアで（最高が5）でランクづけします。

演習6.7-3　これらの活動はあなたのモチベーションと、どの程度連動しているかを1～5のスコア（最高が5）でランクづけします。

演習6.7-4　これらの活動に、あなたの活動日の時間をどの程度（％）費やしたかを書き入れてください。

表6.5：HR（Human Resources）リーダーの例

現状の活動	あなたの強みをどの程度必要としますか？	あなたのモチベーションと、どの程度連動していますか？	この活動に時間の何パーセントを費やしていますか？
従業員とのグループ・プレゼンテーション	4	5	20%
リスク／コンプライアンス報告	2	1	10%
戦略的計画	3	3	20%
コーチング／メンタリング	4	4	30%
予算編成、コスト計画	3	2	10%

表6.6：スイート・スポット・ゾーンでどれだけスムーズに活動しているか

演習6.7-1	演習6.7-2	演習6.7-3	演習6.7-4
現状の活動	あなたの強みをどの程度、必要としますか？	あなたのモチベーションと、どの程度、連動していますか？	この活動に時間の何パーセントを費やしていますか？

あなたのスイート・スポットを考える指標

実行すべき行動	強みの度合い	モチベーションの度合い
この活動に費やす時間を増やしてください。あなたは非常にやる気を感じ、もっと多くのことを学ぶこと／習得ができます。多くのリーダーは、これが最も幸せな場所だと感じています。	3〜4	5
ようこそ、あなたはスイート・スポット・ゾーンにいます。	4〜5	4〜5
私たちのほとんどに覚えがあるのは、ある時点では高かったモチベーションが興味すらわかないものになってしまうことです。それを100回繰り返したあとでは、もはや私たちのより深い内発的モチベーションを満足させることはありません（こういった分野の活動や仕事に関しては、刺激的だと思う他の人に委譲するとか、あるいはメンタリング／コーチングの役割に移行するのがふさわしいでしょう。私たち自身のモチベーションにはならなくても、他者を育てるモチベーションに大いになり得ます）。	4〜5	1〜3

演習6.7-5　今何を変えれば、スイート・スポットで過ごす時間をあと10％増やすことができると思いますか？

_____

_____

_____

スイート・スポットがあなたの成果の鍵を握っている

　この章では、内発的モチベーションと外発的モチベーションのバランスをどうとるべきかを考えました。次に、あなたのモチベーションと強みを連動させました。そうすることで、リーダーシップに必要なスイート・スポットを特定できたはずです。スイート・スポット・ゾーンで活動していれば、成功して達成感を得る可能性がはるかに高くなります。あなたのスイート・スポットをもっと探し出してください。多ければ多いほど良いのです。

　他者をリードする前に、まず自分自身をリードする方法を学ばなければなりません。この章でわかったと思いますが、私たちの多くはスイート・スポット・ゾーンでの活動に十分な時間を費やしていません。

　周囲にサポートを求めれば、本物のリーダーとしての能力を高めることができます。次の章で、「サポート・チーム」について説明します。

キーポイント

- リーダーはそれぞれ、リーダーシップに関する独自のモチベーションを持っています。
- 肝心なのは、外発的モチベーションと内発的モチベーションを区別し、それぞれに潜在する長所と短所を理解することです。
- 「今が最高の状態」（自分のスイート・スポットやその近くで活動している状態）が、やる気に満ちて最大の強みを発揮しているときです。
- 過去の経験を振り返り、やる気に満ちて取り組み、自分の最大の強みも生かせた経験をレビューすることで、より成果をあげられる状況を見分けるコツが学べるでしょう。

第7章

サポート・チーム

> 私のうしろを歩かないでくれ、私は先導しないから。
> 私の前を歩かないでくれ、私はついていかないから。
> ただ、私の横にいて、友人でいてほしい。
> ——アルベール・カミュ

　この章では、強力なサポート・チームを構築する方法を検討します。この
サポート・チームこそが、旅路を進むあなたが大きな困難や課題に直面して
いるときに助けてくれます。

　リーダーは深い孤独感にさいなまれます。ことさらそうなのは、物事がう
まくいっていないとき、そしてあなたが直面している問題を誰とも話し合え
ないときです。あなたは、自分の弱さや不安を感じるとき、誰に相談します
か？　あるいは、偽物だと吹聴されるリスクがあると感じたら、あるいは倫
理観や価値観の真価が問われたら、誰に相談しますか？

　おそらくあなたは、守秘義務が守られないのではと心配したり、個人的に
関与しすぎれば自由の一部を手放すかもしれないと感じるでしょう。あるい
は、メンバーがあなたをサポートしない、ましては理解すらしていないと思
うかもしれません。

　リーダーも現実を歪めることがあるでしょう。リーダーには、報酬、承認、
フィードバック、そして評価が伴います。あなたは気づいていないかもしれ
ませんが、これらは先入観によるバイアスを伴ってリーダーに対して提供さ
れることが多いものです。部下はリーダーに取り入りたいと思っています。
イエスマンやおべっか使いは絶えず、リーダーへの報告事項を意図的に歪め
るなど忖度します。自分たちが得をしたいからです。

　さらに蔓延しているのが、正直で察しの早い人々の間でも見られるバイア
ス、つまり偏った考えです。リーダーたちは、行動、既存の理論、そして慣
れ親しんだ状況や人々にバイアスを持ってしまいがちです。しかし、リーダ

ーの行動力や決断力が偏ってしまうと、往々にして新しいアイデアとかやり方を封じ込めたり、抑圧することにつながりかねません。強力なリーダーを恐れて周囲が異議を唱えなくなるからです。

　つまるところ、リーダーシップはむずかしいのです。膨大な量のエネルギーとコミットメントを要します。あなたが持っているエネルギーを使い果たすだけでなく、それ以上の努力が求められます。サポート・チームがなければ、リーダーは燃え尽きてしまうリスクにさらされます。また、サポート・チームから得るばかりではなく、同様に彼らにも与えなければなりません。そうすれば、お互いに有益な関係が強化されます。

　リーダーにとって、傍にいてくれる強力なサポート・チームはかけがえのないものです。あなたが方向性を見失ったとき、軌道に戻れるよう手助けしてくれます。羅針盤の一部となって、あなたがトゥルーノースに集中し続けられるよう支援してくれます。そして、あなたが現実という土台にしっかりと足をつけるように必要な支援・助言・自信を与えてくれます。だからあなたは、自分のリーダーシップの旅という最も困難なタスクに挑戦できるのです。

　以下の演習では、あなたの私的なサポート・グループのメンバーを特定します。今はまだ親密な友人や家族のバーチャルな集まりでしかないかもしれません。あるいはすでにサポート・システムの拡大を図り、深めているかもしれません。どの段階であっても、あなたをサポートする人々の数と質は向上させることができます。リーダーシップはしばしば孤独な仕事のように感じるのですが、断じて自分ひとりで行う必要はありません！　これが重要なのです。

 ## 演習7.1：サポート・チームをどのように構築するのか?

> 　目的　あなたがこれまでに周囲からどのようなサポートを引き出せているのかを知ること。

　あなたの人生経験を振り返りながら、周囲からのサポートが最も必要だっ

たときのことを考えてみてください。

演習7.1-1　あなたを最も支えてくれたキーパーソンは誰ですか？

1 _____

2 _____

3 _____

演習7.1-2　過去と現在を含めて、あなたの人生において最も重要な支援者を3人挙げてください。

1 _____

2 _____

3 _____

演習7.1-3　それぞれの支援者はあなたの人生にどのような影響を与えてくれましたか？　もし、これらの人々からサポートを受けていなかったとしたら、何が起こっていたと思いますか？

1 _____

2 _____

3 _____

あなたにとって最も重要な関係

　サポート・チームには、少なくとも1人のアンカー（錨役の人）が必要です。アンカーは、あなたが完全に弱さをさらけ出してオープンになれる人、つまり、あなたがすべての弱みや欠点を吐露しても無条件にあなたを受け入れてくれる人です。あなたの配偶者、大切な人、親、コーチ、メンター、親友、またはセラピストかもしれません。多くの場合、この人こそが本当に重要なときに、率直に真実を伝えてくれる唯一の人です。

演習7.2：あなたの最も重要なサポーター

演習7.2-1　あなたのリーダーシップをサポートしてくれる人たちの中で、最も頼りにできる人物を1人挙げてください。

_____

_____

_____

演習7.2-2　この人物が、あなたにとって重要な理由とは何でしょうか？

_____

_____

_____

演習7.2-3　あなたは、この人物にどういうサポートを求めますか？

_____

_____

_____

サポート・チームの構築

　リーダーの多くは、まず家族の中でサポート・チームのアンカーとなる人物を探すでしょう。配偶者や家族と最も親密な関係を持っているからです。こういった関係がとても重要です。なぜなら、多くの場合、職場では得られないような「無条件の受容」を与えてくれるからです。家族は、他者にあなたがどう映っているかを知らせてくれる鏡としての役割も果たしてくれるはずです。たとえ、それが多少控えめであったとしても、です。あなたがリーダーシップを発揮する準備を手助けしてくれるだけでなく、インスピレーションの源となり、そしてリーダーシップのスキルを試せる安全なグループにも、率直なフィードバックの源にもなってくれます。

演習7.3：サポート・グループとしての家族

> **目的** 家族から受ける影響について考えること。

演習7.3-1　リーダーとして成長していく中で、あなたの家族はどのような役割を果たしてきましたか？　あなたが困難な課題を克服して成長するために、どのようにサポートしてくれましたか？

演習7.3-2　あなたの家族は、あなたがリーダーシップ・スキルを向上できるように、どのようなフィードバックを提供してくれていますか？

リーダーシップのメンターを持つ

　特にリーダーシップへの関心とリーダーとしての成長に関して、影響を与えてくれた教師、コーチ、スーパーバイザー、またはアドバイザーをこれまでに持ったことがありますか？　彼らが、あなたのリーダーシップのメンターです。

　リーダーシップのメンターは、あなたがリーダーシップ・スキルを向上できるように、またリーダーとしての判断力と自信を構築できるように手助けしてくれます。ただし最高のメンターが必ずしもすべての答えを持っているとは限りません。その代わりに彼らは直面している課題について、深掘りできるような質問をすることに長じていて、あなたの視点を広げ、現場でサポートしてくれます。たとえば、あなたが現実から目をそらし、現実を歪め、あなた個人の問題を他の誰かのせいにしているようなときにはメンターが助けになります。

　リーダー志願者たちの多くは気づいていないのですが、メンタリング関係を長続きさせ、相互に有益であるためには、その関係は双方向でなければなりません。そうすることで、メンターとメンタリングを受ける側の双方に共通の目標に向かって学び、かつ成長する機会がもたらされます。

　1人のメンターだけで満足しないでください。そして、メンター（たち）があなたの人生の重要な問題に対する究極の答えを持っているはずだとは思わないでください。あなたは、あなた1人しかいないのです。あなたにとっての最高の学習は、複数の情報源を持つことです。学びの源は多様であればあるほど良いのです。ただし、つまるところ誰をメンターとするか、その人たちにどの程度あなたのリーダーシップの旅に関与してもらうかの最終決定は、あなたがしなければなりません。

 ## 演習7.4：メンタリング関係

> **目的** リーダーとして成長する過程で、メンターからどのような恩恵を受けてきたかを見いだす。

演習7.4-1　長期にわたって、あなたのメンターになってくれている人（複数可）を挙げてください。

_____

_____

_____

演習7.4-2　リーダーとして成長する中で、あなたにとって最も重要なメンターは誰ですか？　この人物はどのような方法であなたと交流し、あなたの成長を助けてくれていますか？

_____

_____

_____

真の友情を育む

　多忙なリーダーが、真っ先に削り取ってしまう人生の領域が友情です。物事が順調に進んでいて時間が足りないと感じるときに、良いときも悪いときも一緒に過ごしてきた長年の友人をないがしろにしがちです。友情にもメンテナンスは必要です。一緒に過ごす時間を持って、共通の関心を育んでいかなければなりません。あなたが仕事に忙殺され、家族にも負担をかけているとき、友人との時間を見つけるなどできるでしょうか？　しかし、そのようなときにこそ友人が必要です。彼らこそが、現実を把握させてくれる、そしてサポートの源となる人物なのです。

　あなたがリーダーシップをうまくとっているとき、人々が友人になりたいと周りによってきます。昼食や夕食を一緒にしようとか、パーティーや球技観戦に誘ってきます。そういった場合に、リーダーの多くにとって、彼らが果たして将来にわたって真の友人になるのかを判断するのは非常にむずかしいはずです。

　ところが、リーダーが下降期に入ったとき、つまり、キャリアの挫折に見舞われたとき、「良いときだけの」友人は、もっともらしいアドバイスだけを言い残して姿を消してしまいかねません。

 演習7.5：友人にサポートしてもらう

> **目的**　リーダーとしての成長をサポートしてくれる友人の存在と関係を考える。

演習7.5-1　あなたが助けを必要とするときに頼れる、最も信頼できる友人を3人挙げてください。

1 ＿＿＿＿＿＿＿＿＿＿＿＿＿＿＿＿＿＿＿＿＿＿＿＿＿＿＿＿＿＿＿＿

2 ＿＿＿＿＿＿＿＿＿＿＿＿＿＿＿＿＿＿＿＿＿＿＿＿＿＿＿＿＿＿＿＿

3 ＿＿＿＿＿＿＿＿＿＿＿＿＿＿＿＿＿＿＿＿＿＿＿＿＿＿＿＿＿＿＿＿

演習7.5-2　長期にわたって互恵関係を築けたと思う友情は、どういうものだと思いますか？

_____

_____

_____

演習7.5-3　あなたはどのようにして、上で述べた友情を有意義で長続きするものにしていますか？

_____

_____

_____

演習7.5-4　どのような試練や危機に直面していたときに友人（たち）に助けを求めましたか？

_____

_____

_____

演習7.5-5　その試練や危機の間、友人はどのようにあなたを助けてくれましたか？

_____

_____

_____

　以下は、逆にあなたが、アドバイスや助けを必要としていた友人の役に立てたときのことについて考えます。

演習7.5-6　あなたはどのような方法でその友人を助けましたか（役に立ちましたか）？

_____

_____

　うまくいかなかった関係で、あなたに責任があったと感じている関係について説明してください。

演習7.5-7　その関係がうまくいかなかった理由を説明してください。

演習7.5-8　もう一度やり直す機会があれば、きっと違った方法をとりたいと思うでしょう。それはどんな方法でしょうか？

〈個人的／トゥルーノース（を目指すため）のサポート・グループの構築〉

　個人的／トゥルーノースのサポート・グループは、本物のリーダーシップを目指す際に最も価値があり、報いられるサポート手段の１つです。こういったグループは、６〜８人で構成して、定期的に集まり人生の重要な問題について話し合うのが典型です。グループの効果をベストなものにするためには、スケジュールの定例化、会合場所の確保、そして各会合時のプログラムや議題を設定するといいでしょう。

　各メンバーが会合のリーダーシップ役を持ち回りするのが理想です。そうすれば各メンバーが責任を持って、事前にプログラムを設定したり、ミーティング前の準備として読書や演習などをメンバーとシェアすることもできます。本書は、まさにこの目的のために設計されています（このグループを構築する方法の詳細については、Bill George、Doug Baker共著の『True North Groups』（邦訳なし）を参照してください）。

　あなたの個人的なサポート・グループが、トゥルーノースを見つけられる

ように、そして軌道から外れそうになったときに、軌道修正できるように手助けしてくれます。逆に、あなたも自分の気づきや学びを彼らとシェアすることで、グループのメンバーを同じように手助けできます。すべての関係が互恵でなければならず、それでこそ持続可能なものになります。

 ## 演習7.6：個人的／トゥルーノースのサポート・チーム

個人的なサポート・グループを持ったことはありますか？　もしそうなら、あなた自身とあなたのリーダーシップにどのような価値と意味があった（ある）のかを説明してください。一度もそういったグループを持ったことがない場合であれば、今後作りたいと思いますか？　どのような人たちにそのグループに参加して欲しいですか？

演習7.6-1　あなたの個人的な／トゥルーノースのサポート・グループを説明してください。

_____

_____

_____

演習7.6-2　あなたにとって、そのグループの価値と意義はどのようなものですか？

_____

_____

_____

演習7.6-3　どのような人たちとサポート・グループを作りたいと思いますか？

_____

_____

_____

職場上のサポート・チームを持つ

　あなたの個人的／トゥルーノースのサポート・グループには、さまざまな分野の人に参加してもらうことが可能です。職業上やプロとしてあなたが現在直面している課題においては、オーセンティックなリーダーシップが発揮できるように支援するサポート・チームを持つことをお勧めします。

　構成するメンバーは、あなたと同様の経験があり、さらに先を進んでいるメンターや思慮深いリーダーでなければなりません。つまり、彼らはあなたの立場を真に理解し、あなたが現在取り扱っている決定事項や課題に向き合ってくれる人たちです。

　メンターやアドバイザーの中から、定期的に会うメンバーと、年に2～3回会うメンバーの両方を選ぶと良いでしょう。また、メンバーとなる人たちは、あなたの専門分野を深く理解しているか、あなた個人を長期にわたって知っているかのいずれかでなければなりません。重要な基準は、リーダーとして成長している今の自分に焦点を当てて選ぶことです。

 ## 演習7.7：職業上のサポート・チームを構築する

　演習7.7-1　現時点で、職業上のサポート・チームにはどのようなメンバーがいますか？

（氏名）　　　　　　　　　　　　　　　　　（会う頻度）

1

2

3

サポート・チームから得られるベネフィット

　この章では、あなたのサポート・チームを査定し、進展させていく機会を得ました。私たちのアドバイスは、サポート・システムにはどのようなメンバーが必要なのかを考え、チームを徐々に構築していくことです。メンバーの一人ひとりと信頼関係を築き、守秘義務を守っていかなければなりません。

そうすれば、時間はかかりますが、最も必要とするときに報われるはずです。あなたがトゥルーノースを見失って、サポート・チームのメンバーだけが支えになるときが何度も訪れることを忘れないでいてください。

　次の章「公私を統合する人生」では、人生のどの場面であっても変わらぬ自分でいる方法を中心課題として検討します。

キーポイント

- ●サポート・チームは、オーセンティック・リーダーとしてのあなたの旅を支えるために欠かせない要素です。
- ●サポート・チームを早期に構築し、あなたのことをよく知っていて正直に話せる人をメンバーに迎えてください。
- ●あなたの人生の中で、サポート・チームのメンバーであり続け、核となるメンバーとなる人が必ずいます。
- ●あなたが強力なリーダーになってから出会った人々の中には、サポート・チームにふさわしくないバイアスを持っている人がいるかもしれません。
- ●リーダーシップ開発における各段階で、リーダーシップに関わる、新しいメンターが必要になってきます。
- ●職業上のサポート・チームを持つことは、あなたの旅の重要なステップです。
- ●長年続くサポート・グループを持てば、トゥルーノースを見失うことはないでしょう。

第8章

公私を統合する人生

2007年のある土曜日の午後、
私は旧版の第8章「あなたの人生を統合する」を書いていました。
9歳の娘が私の側に来て、何をしているのかと尋ねました。
私が彼女にそのことを話したら、彼女はちょっと間をおいて、
私をつかんでこう言いました。
「つまんない、私と遊ぼうよ。書くよりも、実行する方がいいじゃない」
──ニック・クレイグ（共著者）

　公私を統合する人生を送る。それはあなたの個人としての人生と職業人としてのすべての主要な要素を持ち寄って、いつでもどこでも同じ自分でいられるようにすることです。同じ自分でいることが「私らしい・ならでは」、つまり本物の私なのです。

　世界中の何千人もの成功したリーダーたちと時間を共にして、私たちが目のあたりにしたのは、公私を統合した人生を送るむずかしさでした。どこかの時点で世界クラスの仕事をするほうが、ある意味で簡単とも言えます。私たちは自分のスイート・スポットが仕事で役立つことを知っています。知るだけに留まらず、人生の他の場面でも実践することがより重要です。

　「統合」と「ワーク／ライフ・バランス」は同義ではありません。ここで違いを明確にしておきましょう。バランスの含意は、人生のすべてを完璧な均衡に保つための調整をすることです。「わかった、こちらに少し、あちらにも少し、オッと、そこはちょっと少ないね。だから、これとそれを交換しよう」というようにバランスをとることになります。私たちは、多くのリーダーたちがこのようにバランスをとろうと試みたにもかかわらず、根深い不満を抱いて終わるのを見てきました。

　バランスをとるという考え方の欠点は、その影響が広範囲におよぶことです。あなたの注意が、人生全体ではなく、いつもバランスをとることに向け

られてしまうからです。中途半端な対策と調整では、人生のどの側面にも役には立ちません。おそらく最もやっかいなのは、常に別々の領域の間を移動して、さまざまな人たちに対する責任や面倒な努力をするといったことで、結局は全ての荷物を背負い込むはめになります。

　では、私たちの人生が時間の経過とともに展開する中で、どのようにしたら「自分らしく」いられるかについて考えてみましょう。私たちの多くは同じような道筋を辿ります。たとえば、大学に行き、キャリアを始め、結婚し、子どもを持ち、転職し、前進と挫折を経験し、退職後の準備をします。これらの各段階で、ある1つの領域に、他の領域よりも集中する必要が出てきます。各段階で、焦点をどこに置くべきかを見いださなければなりません。仕事がうまくいかないとき、子どもや友人はオアシスになります。家で難題が生じていても、会社では他人の分まで山のような仕事をしなければなりません。

　しっかりと地に足をつけて公私が統合された人生を送れば、仕事が好調のときに慢心せず、不調なときでも過度にストレスを感じず、動揺しないでいられるようになります。統合した人生から生まれる展望や視点が、高いパフォーマンスを維持し、挫折をチャンスに変えるのに不可欠なのだと私たちは信じています。

　公私を統合する——それは、勇気ある選択を余儀なくされる場合が実に多いものです。

　このメッセージは、無限の機会と容易な選択に恵まれている人たちには、あまり響かないかもしれません。「成功を重ねてきたのだから、すべてを手に入れたい、今すぐに！」。こういう考えに違和感を覚えない人にとっては、このメッセージの意味はわからないでしょう。

　人生の統合は、トゥルーノースに従って自分自身に「イエス」と「ノー」が言えることでもあります。これはあなたが思う以上にむずかしいでしょう。もしも絶好の機会が目の前に訪れて、収入、権力、地位、社会的評価が向上するとなったら、あなたは「ノー」と言えますか？　別の言い方をすれば、自分の人生にとって大切なことに「イエス」と言い、それを声高に主張できますか？

　リーダーたちから聞いた強烈な試練のいくつかには、1つのテーマが繰り

返し現れます。それは、職業人生の外で行う間違った意思決定です。それぞれの事例で、彼ら自身が墜落して学んだこと、そして公私を統合した人生を取り戻すために必要だったことが、その後の彼らのリーダー人生に大きな影響を与えています。この章の目標は、あなた自身が統合した人生の道筋を知る手助けをすることです。

人生のバケツ（領域）

　まず、仕事のキャリア、個人生活、家庭生活、コミュニティや友人、あなたの人生の主要な領域のそれぞれについて棚卸しをしてみましょう。

　これらの重要な領域のそれぞれを水の入ったバケツにたとえてみます。あなたに与えられた水の量（時間、エネルギー、気力）は限られていると仮定します。それを満たすべきバケツがありますが、4つすべてを満たすための十分な水はありません。4つのバケツすべてに途中まで充填し、漏れていないか注意深くモニターしますか？　それとも、すべての水を1つまたは2つのバケツだけに入れて、他のバケツを除きますか？

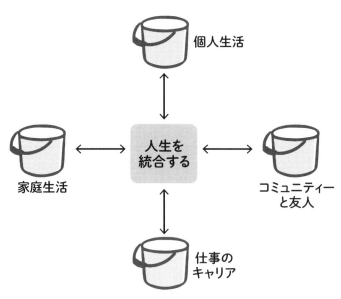

人生のバケツとは？

　誠実な人生が送れるように、すべての領域を統合するにはどうすればいいのかを考えてみましょう。「公私を統合すれば、リーダーとしてより成果をあげ、一段と充実した人生を送れる」が根底にある信念です。

　あなたの最も困難だった人生やリーダーシップの経験と今日の生活を検討したあとに、バケツにたとえた領域のどれに注力すべきかを判断します。まず、順序や優先順位を決めずに、4つのバケツ（「個人生活」「コミュニティと友人」「仕事のキャリア」「家庭生活」）すべてを評価してください。それぞれのバケツを望ましいレベルまで満たすことは、一見簡単そうに見えるかもしれませんが、思っているよりもはるかに困難です。

　「個人生活」とは何を意味するのか、疑問に思うかもしれません。私たちの多くは仕事をし、かつ家庭を持つという課題にリソースのほとんどを使い果たします。自分が本当に好きなこと（歌う、ピアノを弾く、読む、走るなど）に時間を費やすのは、自分だけのためなのだから贅沢だと無視されがちです。こういう活動が最優先されることはまずないでしょうが、私たちを元気づけてくれる（奮い立たせてくれる）活動でもあります。最も成功した修了生の中には、こういった活動をしているからこそ困難な時期に成果を出す能力を発揮できるのだと、強いポジティブ評価をする人たちがいます。私たちは、あなた自身のそういった活動がどこに当てはまるかを評価する手助けをしたいと思っています。

 ## 演習8.1：人生のバケツ（4つの領域）

演習8.1-1　表8.1に、あなたが現在、各領域にどれだけ注力しているのか、その度合いを書き入れてください。左側の列に現在注力している度合いを、右側の列に今後注力した度合いを記入します（合計が100％になるようにします）。

表8.1あなたの人生の４つのバケツ（領域）

領域	現在、注力している度合い（%）	今後、注力したい度合い（%）
仕事のキャリア		
個人生活		
家庭生活		
コミュニティと友人		

演習8.1-2　自らのトゥルーノースに従うためには、現在どのバケツ（領域）に注力する必要があると思いますか？

_____

_____

_____

演習8.1-3　４つのバケツのうち、１つだけ水量が少なすぎると考えてください。残り３つのどのバケツから、水を減らして少ないバケツに注いでもいいと思いますか？（複数可）

_____

_____

_____

演習8.1-4　少なすぎるバケツ（領域）を広げるには、最も役に立つ行動は何だと思いますか？

_____

_____

_____

演習8.2：統合された人生の領域

◎**個人生活**◎

演習8.2-1　自分自身のための時間を持つことの最も重要な理由は何でしょうか？

_____

_____

_____

演習8.2-2　自分と自己啓発のために、どのように時間を作っていますか？　また、どのような方法で自分の内面生活を育んでいますか？

_____

_____

_____

◎**家庭生活**◎

　あなたが何者かにかかわらず、家族はあなたの拠り所であり、本物のあなたに近づくための秘密のドアがあります。子どものスケジュールと会議のスケジュールが合わなくて参観に行けないなど、そのドアに永遠に鍵をかけたいと思う場合もあるでしょう。でも、家族はあなたが最も必要としているときにサポートをしてくれるはずです。

　あなたが仕事の絶頂期にあって、宇宙の支配者のように感じているとき、家族はあなたが置き忘れた車の鍵や財布のありかを思い出させてくれます。そして、あなたが落ち込んでいるとき、家族はあなたのすべてのストーリーを知ったうえで、将来に目を向けてサポートしてくれます。

演習8.2-3　あなたの家庭生活の中で最も重要な側面は何ですか？

_____

_____

_____

演習8.2-4　家族への責任が増えると、人生と時間に対するあなたの責任はどのように変わるでしょうか？

1 _____

2 _____

3 _____

演習8.2-5　家族が求める時間と仕事に必要な時間とが対立したら、あなたはどのように調整しますか？

_____

_____

_____

◎**友情やコミュニティ**◎

　友人やコミュニティも、あなたの基盤づくりのために重要な源泉です。親密な家族や職場の狭いサークル内よりも幅広いサークルの中で多様な人生経験に出会う可能性が高まります。

演習8.2-6　友情はあなたの人生でどのような役割を果たしていますか？抱えている問題について、定期的に友人に相談しその助言を求めていますか？　友情を強め、育むためにどのくらいの時間を費やしていますか？

_____

_____

_____

演習8.2-7　コミュニティはあなたの人生にとって不可欠ですか？　どのような方法でそのコミュニティに貢献していますか？　コミュニティは、あなたがリーダーとして成長するためにどのように役立っていますか？

_____

_____

_____

演習8.2-8　将来、どのような方法でコミュニティに貢献したいと思いますか？

_____

_____

_____

◎**仕事のキャリア**◎

　統合された人生を送れば、仕事は人生の一部にすぎないという意味がわかります。仕事に専念しているのだから、その他の生活は仕事にとって邪魔な部分だと考える人もいます。総合された人生を送ることは、仕事以外の生活と仕事を協調させるという、新しい、より高いレベルにあなたの人生を引き上げるチャンスだと私たちは考えます。

演習8.2-9　プロフェッショナルとしての自分を安定・維持するために何をしたらいいと思いますか？

_____

_____

_____

演習8.2-10　あなたの家庭生活、自分自身、コミュニティや友人は、あなたの職業人生にどのように貢献していますか？

_____

_____

_____

演習8.2-11　トゥルーノースを見失わずに、仕事に関わる誘惑やプレッシャーにどのように対処したらいいと思いますか？

_____

_____

_____

人生の成功を測定する

　地に足をつけた生活を送っていても、「人生における成功をどのように定義すればいいか？」と自問する必要があります。外面的な定義による成功の尺度は多くの場合、私たちの生活の調和を崩して、統合された生活を妨げかねません。では、どのような尺度を使えばいいのでしょうか？

 演習8.3：人生における成功を測定する

> 目的　成功をどのように測定するのかを考えること。

演習8.3-1　現在、あなたは人生における成功をどのように測定していますか？　測定指標の根拠は何ですか？

_____

_____

_____

演習8.3-2　人生における成功を最終的にはどのように測定しますか？

_____

_____

_____

　あなたが経験した幸福について考えてみてください。「幸福＝喜びや満足感」と定義します。

演習8.3-3　あなたの人生で最大の幸福をもたらすものは何ですか？

_____

_____

_____

　達成したいという願望や達成するために努力している重要な目標につい

て考えてみてください。

演習8.3-4　あなたにとって、人生で実現したい長期的な成果とは何でしょうか？

_____

_____

　人生を「意義あるもの」にしたいという願望を例に考えてみましょう。私たちが定義する「意義あるもの」は、あなたが大切にしている人たちにどの程度プラスの影響を与えたかです。

演習8.3-5　あなたの人生において「意義あるもの」をどのように定義しますか？　あなたはどのようなプラスの影響を周囲に与えたいと思っていますか？

_____

_____

人生を統合する

　人生の統合には、「選択とトレードオフ」がつきものです。「選択とトレードオフ」は意図的に、自分の人生に適した方法で行わなければなりません。

 ## 演習8.4：人生を統合する

> **目的**　あなたの人生とリーダーシップにふさわしい統合された人生のビジョンを組み立てること。さまざまな側面で経験した選択とトレードオフから始める。

演習8.4-1　過去にあなたがしなければならなかった最も困難な選択または
はトレードオフは何でしたか？

_____

_____

_____

演習8.4-2　あなたがすでにトゥルーノースを発見しているという前提で、
今ならどのような違う方法をとると思いますか？

_____

_____

_____

演習8.4-3　あなたが今直面している最もむずかしい選択またはトレード
オフは何ですか？

_____

_____

_____

　誠実に人生を送り、自らを導いていくことは、人生を統合した結果の賜物
です。どのような環境にいても、自分に忠実であり続ける自分でいられます。
人生を一軒の家だと考えてみてください。自分だけの部屋、職業人生用の書
斎、家族のための部屋、そしてあなたの友人たちを迎えるリビングルームが
ある一軒家です。

演習8.4-4　人生という一軒家にある部屋の壁を取り払って、どの部屋に
いても同じ人間でいられると思いますか？

_____

_____

_____

演習8.4-5　それぞれの部屋の環境で、変わらないあなたらしい自分でい

られますか？　または、職場での振る舞いは、家庭、友人、コミュニティ
での振る舞いとは異なりますか？

好きなことを優先する

　ここからは、これまでとは少し異なる話です。あなたがこれまで定義した
ものはすべて、統合された人生を送るために重要です。ほとんどの場合はそ
の通りなのですが、ただし1つだけ欠けているものがあります。それは人生
の旅全体を価値のあるものにしてくれます。ただし、それがなくても外見的
には問題なく見えるため、ときには見落とすミッシング・リンク（＊）でも
あります。

（＊）ミッシング・リンク：生物の進化過程を連なる鎖として見たときに、連続性が欠けた部分（間隙）を指し、
　　　祖先群と子孫群の間にいるだろう進化の中間期にあたる生物・化石が見つかっていない状況を指す語。　失わ
　　　れた環ともいう。

　あなたがひたすらやりたい活動に思いを馳せてみましょう。他の誰とも関
係がなく、周囲が価値を認めるような目標を達成することでもありません。
自分自身のために本当にやりたい活動に時間と空間をつくるのです。歌った
り、絵を描いたり、ピアノを弾いたり、料理をしたり、希少な物を収集する
など、幅広く考えます。ただし、どのような活動であっても、あなたに大き
な喜びと個人的な満足をもたらしてくれるものでなければなりません。

 ## 演習8.5：好きなことをする

演習8.5-1　あなたが自分のためにやりたいと思っていること（今は休止
していても再開できること、これから始めることも含む）を2〜3挙げて
ください。

_____

_____

演習8.5-2　それらをいつ実行に移すつもりですか？　誰にそのことを伝えればいいのでしょうか？　あなたが本気になって実行するために手助けをしてくれる人物は誰でしょうか？

_____

_____

_____

演習8.5-3　こういった活動を常に旅路の伴侶とするために、どんな変化が必要だと思いますか？

_____

_____

_____

旅路を振り返る

　この章はかなりむずかしいものだったと思いますが、本物のリーダーシップを持続するために不可欠なメッセージを含んでいます。あなたに人生の各領域に費やす時間とエネルギーの量を意識的に決めてもらうための演習でした。各領域における価値観、モチベーション、能力、および現状に応じた組み合わせができるはずです。また、成功、幸福、達成、意義に関するあなた独自の基準についても検討しました。これらの基準をあなたの人生に適用することで、各領域に投資する適切な時間とエネルギーの量を決められるようになります。

　第2部では、トゥルーノースの羅針盤にある5つの成長領域について学ぶことができたと思います。これで第3部に進む準備が整いました。第3部を完了すれば、オーセンティック・リーダーシップを実践できるようになるはずです。

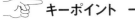 **キーポイント**

- 統合した人生は、リーダーシップの浮き沈みを平準化するもので、あらゆる状況でリーダーとしてのオーセンティシティをサポートしてくれます。
- あなたの人生のバケツは、あなた独自のものです。
- バケツにたとえた領域は、あなたが地に足をつけて人生を送るために、またリーダーとしての成果を一層あげるためにそれぞれ役立つものです。
- 人生の成功度合いを測定する指標を自らのトゥルーノースに当てはめるためには、それらの指標はあなたの人生にとっても唯一無二なものでなければなりません。
- 人生のあらゆる面で、同じ価値観とモチベーションを持つ変わらぬ自分であることが、自らのトゥルーノースに従うために必要な要素です。
- 好きなことをする時間を見つけることは、トゥルーノースに沿った人生の一部です。

第3部
成果をあげるリーダーへ

第2部では、リーダーシップの羅針盤の5つの要素すべてに取り組みました。第3部では、これまでに得られた学びや気づきに焦点を当てます。目的・目標を持ってリードする、他者をエンパワーするための演習です。これまで取り組んできた演習と、今後リーダーとして向き合う現実世界とをつなぐ最後のステップです。これまで学んだこと全てを要約し統合して、あなたが実践する「リーダーシップ開発プラン」に仕上げていきましょう。

第9章

「私」から「私たち」へ

優れたリーダーは、まずサーバント(奉仕する人)にならなければなりません。
——ロバート・グリーンリーフ、『The Servant as Leader』(1969年刊行)

ヒーロー型リーダーの終わり

　私たちは皆、上司、部下や同僚たちがヒーロー型リーダーのパターンに陥るのを見てきたのではないでしょうか。彼らは正しいスキルを持ち、最新の管理ツールを駆使し、流行りの業界用語を使いこなしながら正しいメッセージを明確に伝え、そして正しい戦略を選択します。

　ところが、何かが彼らには欠けているのです。部下たちは注意深く対応しています。上司たちは心配するのですが、何が問題なのかを特定できないでいます。心配してくれる友だちでさえ距離を保とうとします。必要なスキルは全部揃っているはずなのに、こういったリーダーたちは自分のチームから持続的なサポートを決して得られないでいます。それは、彼らが「私」志向のリーダーだからです。

　多くの場合、リーダーたちは主に自分個人としてのキャリアから始めます。つまり、自分のパフォーマンスや成果、そして報酬が目当てです。彼らは実務の世界に入ると、全てを制覇して世の中を一段と良くするヒーローのイメージに自分を重ね合わせます。リーダー人生の早期は教育とスキル開発に費やされることが多いため、その結果、貢献とは主に個人がするものだと思うようになります。

　典型的なヒーローが、組織のリーダーにふさわしい姿だと思うかもしれません。私たちがオーセンティック・リーダーたちに行ったインタビューから見えてきたのは、出発点でのヒーローは有用であっても、多くのリーダーにとって、その先に行くのがむずかしいという事実です。若いリーダーたちが個人の貢献が認められて管理職に昇進するのを見れば、結果を生み出すヒー

ロー的能力が評価されているのだと信じ込んでしまいます。

　「若い頃は、とにかくベストであることを目指して多くの時間を費やします」と、ゼネラル・エレクトリック社のハイメ・イリックは言います。「ウエスト・ポイントやゼネラル・エレクトリック社に入るには、とにかく人より抜きん出ていなければならない。何ができるかによって評価が決まります。たとえば、類いまれなアナリストとかコンサルタントになれる能力、あるいは共通テストで好成績を取る能力などです」。

　ヒーロー的な業績に対して多くの称賛が寄せられたにもかかわらず、若いリーダーたちはやがてリーダーへの旅路の途中で、このアプローチがもはや機能しない段階に到達します。自分の手には負えなくなるのです。1人では処理できないほどの膨大な量の仕事があっても、周囲はもはや「ヒーロー的頑張り」に応えてくれません。何かを変えなければなりません。

　リーダーがこういった成長の壁にぶつかったときに、「私」から「私たち」へと転換するための最初のきっかけが訪れます。初期の成功を考えると、その当時の行動をさらに強化したくなるのですが、複数の難題にぶつかり、やがて、そのアプローチに疑問を抱くようになります。これが「自分の人生やリーダーシップとは一体何なのか」を再考し始めるときなのです。たとえば、「すべて自分だけでやらなければならないのだろうか？」「私が設定した目標を、なぜ、このチームに達成させることができないのだろうか？」。

　オーセンティック・リーダーへの転換は、賢明なメンターを持つとか、若い頃にユニークな機会を得るといった前向きな経験からもたらされる場合もあります。しかし、私たち全員がそのような肯定的な経験を望むべくもありません。「私」から「私たち」へというむずかしい転換は、自分の中にある「ヒーロー」がつまずいたり、転んだりしたときにだけ訪れるようです。

　リーダーとして「私」から「私たち」への転換を経験する中で、リーダーたちは大きな矛盾に突き当たります。今日のポジションがあるのは、これまでの「ヒーロー的貢献」がもとになっているため当然だと言えます。また、個人の貢献は何度も報われてきています。だから、長期にわたって成果をもたらしたアプローチを手放すのはとてつもなくむずかしいはずです。

　私（スコット）がMBAのクラスで、学期の初めに次のような提案をすることがよくあります。「このコースでは、採点の対象となるやり方を選択で

きます。グループワークをやってみたい人は何人くらいいますか？　挙手してください」。まるでコオロギの鳴き声が聞こえそうな静けさで、誰ひとりとして挙手するでもなく、しかも多くの学生たちはしらけたようにしています。「えっ、誰もいないの！　なぜなのかな？」。やがて一部の勇気ある学生から、ごく当たり前の答えが出てきます。「他の人がやったことをベースに評価されたくないからです。少なくとも私はそうです。成績は、クラスメートでなくて自分のワークで評価してほしいですし、それにグループで何かをやり遂げるのがどれだけむずかしいかご存じですか？」。

　この時点で、私はなぜ、彼らがこのクラスにいるのかを改めて尋ねます。「ハーバード・ビジネススクールの使命は、『世界に変化をもたらすリーダーを教育する』ことですね。そして皆さんは、リーダーシップのコースを受講すると登録したばかりです。そうですね？」。

　そうすると、何人かはいぶかしげな表情を浮かべ、他の多くは眼をぱちくりさせ始めます。私は続けて、「皆さんは間違いなく、変化をもたらすようなリーダーになりたいのだと、ビジネススクールを納得させるような入試エッセイを書いたのではないですか？　そうでしょう？」。皆がうなずきます。さらに続けます。

「皆さん、知っていますよね。リーダーというのは、自分ではなく他の人が達成したことで評価されるということを？」。はっとしたような、ちょっとおびえたような沈黙です。大変優秀な学生たちなのに、リーダーシップは自分だけで成し得るものではないと初めて気づくのです。

　2008年のハーバード・ビジネススクール（HBS）の100周年記念式典で、ハーバード大学のドリュー・ファウスト学長が心にひびくスピーチを行いました。HBSのミッション・ステートメントの文言にちょっとした変更を加えることを示唆する内容でした。その変更は、「私」から「私たち」への転換と符合していました。世界的な金融危機の恐怖のさなかに届けられた彼女の言葉は、特別な意味を帯びていました。以下は、彼女のスピーチから抜粋したものです（推薦図書に、彼女のスピーチ全体へのリンク先を載せておきます）。

　HBSが今日そのミッションで表明しているように、「私たちは世界に変化をもたらすリーダーを教育します」。そして、このミッションには緊急に取り組まなければならない新たな課題があります。これまでビジネススクールの学生は大いなる自信を持って巣立っていきました。そして、トム・ウルフが『虚栄のかがり火』という映画の中で登場させた「宇宙のマスター」（ウォール街）の仲間になりました。彼らが創りだしたのは、金融市場が全てを操っているような世界です。現在、市場は混乱しており、私たちは壊れてしまった金融システムを修復するために必死に取り組んでいます。変化をもたらすリーダーが今ほど必要とされたことはありません。しかし、どうやって形作り、どのようにこれまでとの違いを決定すればいいのでしょうか？

　100年の間、HBSは技術的な専門知識をより広範なビジョンの中に位置づけようとしてきました。つまり、ビジネスの問題に対する強い知的好奇心を持ったアプローチです。世界に変化をもたらすリーダーシップは、価値観とビジョンの両方に関わっています。自己を超えた目的へのコミットメントだけでなく、より広く自己をとらえる問題でもあります。リーダーはその責任を喜んで受け入れることができなければなりません。

　ハーバードのあらゆる分野で、リーダーの育成に取り組んでいます。しかし、リーダーシップは手段であって、それ自体が目的なのではありません。そして、リーダーの卓越性や優秀さを超えるものでなければなりません。

　リーダーシップに焦点を当てることが、自己満足や称賛を得るための活動になってはいけません。リーダーはフォロワーに仕えるために存在し、成功したリーダーは単に他者を動かす力だけでなく、自分に続く人々をどのように導くかによっても評価されなければならないのです。

　ビジネス教育は、世界に変化をもたらすリーダーだけでなく、世界のために変化をもたらすリーダーを生み出す機会にならなければなりません。これこそが、HBSとハーバード大学の両方にとって、来世紀の目標であるべきです。

──ドリュー・ファウスト、ハーバード大学学長

　自分のエゴに集中するのをやめて初めて、他者をリーダーに育てることができます。才能豊かな同僚や部下との競争を乗り超えた先を進み、他者の視点に対しても一層オープンになれるでしょう。すべてを自分がコントロールして実行しなければいけないという思いから解放されるにつれて、周囲の人たちが、あなたともっと働きたがっていることに気づくでしょう。力を蓄えたリーダーたちが持つ無限の可能性を１つにして、共通の目的に向かっているのだと知ったときに、明るい展望が広がります。こういった「私」から「私たち」への転換をすることで、オーセンティックなリーダーとしての最大の能力を発見する道が開けてきます。

　ＧＥのイリック氏は、次のように述べています。「リーダーになりたければ、そのスイッチを入れて、チームの仲間に奉仕するのがリーダーだとわからなきゃならないね。ごく簡単なコンセプトだけど、それを多くの人が見落としている。気づくのが早ければ早いほど、リーダーにも早くなれるのだよ」。「私」から「私たち」への転換は、まさにリーダーの旅へ乗り出す出発点です。それは「ヒーローの旅路」を終え、「リーダーの旅路」の本番が始まるときであり、あなたを次のステージへと駆り立てるはずです。

〈リーダーの目線は外に向かっていなければならない〉

　誰もが持っている「真贋を嗅ぎ分ける」メーターを覚えていますか？　リーダーをどう評価するかに関して言えば、リーダーの目線が外に向いているか、それともリーダー個人へと向かっているかを最初に明確に嗅ぎ分けなければいけません。

　自分自身のキャリアと成功だけがすべてだというリーダーに会ったことがありますか？　「みんなで仕事をやり遂げるのだ。そうすれば、数字目標を達成でき、私も昇進できる」。正気のリーダーであれば、こんなことを言うはずはありません（少なくとも声に出しては言わないはずです）。ところが、私たちの多くが経験してきたのは、リーダーシップを発揮する主たる理

由が、明らかにリーダー個人のキャリアの昇進だったことです。彼らがとっているのは、自己中心的な「私」志向のリーダーシップです。つまり、彼らの「矢」は、真っすぐに彼ら自身に向いているのです。

逆に、自分自身のことよりも一段と大きな大義のために人々の努力を募るリーダーがいます。彼らのリーダーシップは、まず「他人のために」から始まります。彼らの目線は外に向いています。彼らは無私であり、自己中心ではありません。彼らこそが、ロバート・グリーンリーフが著した、今では古典とも言える『サーバントリーダーシップ』（英知出版、2008年）の中で記述されているリーダーです。グリーンリーフは、ヘルマン・ヘッセの短編小説『東方巡礼』を読んだあとに、「偉大なリーダーは、まずサーバントとして経験を積む」という結論に至りました。そういうリーダーたちにとっては、他人を助けることが主たるモチベーションになるのです。

> サーバント・リーダーは、まずサーバントなのです。奉仕したいという気持ちが自然に湧き起こります。それから意識的に選択して、リードしたいと強く望むようになります。奉仕できているかどうかを判断するためには、次のような問いかけをするのがいいでしょう。「奉仕を受ける人たちが、立派な人に成長するだろうか？ 奉仕を受けている間に、より健康に、聡明に、自由に、自主的になり、自らがサーバントになる可能性を一段と高められるだろうか？」。
>
> エゴはというのは、他人を押しのけてでも、自分が生き残り、楽しみ、向上していくことに全力を注ぐもの、そして利己的で野心的です。人との関係を脅威であるか否かという観点でとらえます。幼い子供が、他人を見れば「優しい人」か「意地悪な人」に分類してしまうのと同じです。一方、良心は、エゴを誰にでもあることを踏まえたうえで集団や全体、コミュニティ、そしてより大きな善のレベルまで高めてくれます。つまり人生を、奉仕と貢献、そして周りの人々の安全と満足という視点でとらえるのです。
>
> ——ロバート K. グリーンリーフ

「私」から「私たち」への転換は多くの場合、他者を観察することから始まります。リーダーの目線が外に向かっているのか、リーダー自らに向かっているのかを自分の経験を踏まえて考えてみるといいでしょう。私たちは憧れのリーダーだけではなく、何かが不足していると思うリーダーからも学ぶことができます。

 ## 演習9.1：目線の方向が異なるリーダーシップをどう感じるか

> **目的** 異なる目線を持つそれぞれのリーダーの下で過ごした経験を振り返ること。

　あなたが、リーダーから箸の上げ下げまで管理されていると感じたときや、リーダーが基本的に「私」志向（矢がリーダー本人にしっかりと向かっている）だったときを思い出してください。そのとき、どのように感じたかを記述してください。

演習9.1-1　当時のリーダーの志向は、あなたの関与とコミットメントのレベルにどのような影響を与えましたか？　また、あなたのリーダーとしてのモチベーションにどのような影響を与えましたか？

　逆にあなたがエンパワーされたときや「私たち」志向の（矢が外に向かっている）リーダーのもとで働いたとき、またリーダー個人やあなた自身のためよりも大きな何かのために努力することを求めるリーダーの下で働いたときのことを思い起こしてください。

演習9.1-2　そのとき、どのように感じたのか記述してください。このリーダーの志向は、あなたの関与とコミットメントのレベルにどのような影

響を与えましたか？　また、あなたのリーダーとしてのモチベーションに
どのような影響を与えましたか？

_____

_____

　これまでに出会ったリーダーたちとの経験を振り返ってみると、彼らの志
向がフォロワーにどのように影響するかがはっきり見えてきます。ところが、
自分自身に関しては、他者には明確に見えているものが、スポットライトを
当てても何らかの理由ではっきりと見えないものです。次の演習で、そのこ
とについて考えます。「私」から「私たち」への転換に際して、周囲はあな
たのリーダーシップをどのようにとらえると思いますか？

 ## 演習9.2：「私」から「私たち」へ転嫁するとき、
　　　　　　私の立ち位置はどこなのか？

　間違いなく、あなたにも「私たち」志向であるときがあります。でも、あ
なたが私たちの多くと変わらないのであれば、目線が自分個人に向かって戻
ってくることもあるはずです。大切なのは、それぞれの志向でとるリーダー
シップにどれだけ時間を費やしているのかを知ることです。どちらの志向で
あれ、必要に応じた志向でリーダーシップをとることができるかどうかを知
ることが大切です。

> **目的**　「私」から「私たち」への転換において、自分がどの段階にい
> るのかを知ること。

演習9.2-1　人生経験を振り返って、あなたが「私」志向でリーダーシッ
プをとっていたときのことを記述してください。

_____

_____

演習9.2-2　「私たち」志向でリーダーシップをとっていたときのことを記述してください。

_____

_____

_____

演習9.2-3　「私たち」志向でリーダーシップをとっていた経験で、あなたは他者や達成したかった結果にどのような影響を与えたと思いますか？　「私」志向の場合と比較して、どのような違いがありましたか？

_____

_____

_____

演習9.2-4　あなたが「私たち」志向のリーダーシップをとる割合は、何割くらいでしょうか？　本来割り当てるべきだと思う割合は、どれくらいだと思いますか？

_____

_____

_____

演習9.2-5　あなたの「私たち」志向は現在、どれくらいの割合ですか？また、今後はどれくらいの割合にしたいと思いますか？

現在は＿＿＿＿割（％）、今後は＿＿＿＿＿割（％）

演習9.2-6　一貫して「私たち」志向でリーダーシップをとるために、どのようなステップを踏めばいいと思いますか？

_____

_____

リーダーシップ開発をガイドする

　もしも、あなたのリーダーシップの旅の目的が単に、よりオーセンティックになるためとか、自分は何者なのか。そして自分の強みや動機を今以上に明確にするためなどであれば、旅はまだ終わりません。ある時点で、さらに深く自らに問いかける必要があります。

　「リーダーへの旅はどこが最終ゴールなのか？」「何のために仕えているのか？」「なぜ私がリードしているのか？」。これらの問いがあなた個人に関するだけなら、初期のステップからまだ動けずにいます。基本となる極めて重要な「私」から「私たち」への転換ができていないのです。

　目線が自分個人にだけ向かっているリーダーに、人々が心を動かされることはほぼないでしょう。周囲の力を求めたいのであれば、そして彼らと真から深く関わりたいと思うのなら、あなた自身の大義ばかりでなく、彼らの大義も超えるものを追求しなければなりません。

　次の章では、この旅路の中で最も基本となる問い、「何があなたのリーダーシップの目的・目標なのか？」に取り組みます。

☞ キーポイント ────────────●

- ●ヒーロー型リーダーの時代は終わりました。
- ●リーダーシップの旅における最初の重要な変化は、根本となる志向を「私」から「私たち」へ転換することです。
- ●「私」から「私たち」への転換には、自らのアイデンティティの枠組みを変えなければなりません。つまり、個人として価値ある貢献者というアイデンティティから、他者に能力と自信を与えるサーバント・リーダーとして自らをとらえ直すことです。
- ●私たちの目線が外に向いていないことに、周囲は気づきます。若いリーダーたちに潜んでいる明白で破壊的な属性の1つでもあります。
- ●より本物のリーダーになるだけでは十分ではありません。なぜ、リーダ

ーになるのかを明確にしなければなりません。私たちの旅は、自分自身だけでなく、もっと多くの人のためでもあるのです。

第10章

目的・目標

「人生で最も重要な日が2つある。それは、
生まれた日となぜ生まれてきたかがわかる日だ」
——マーク・トウェイン

　これまでの各章の演習を終えた今、あなたは自分の目的をしっかりととらえ、それに従ってリーダーシップを発揮する準備が整ったことでしょう。あなたが掲げるリーダーシップの目的や目標は、世の中へ届ける、あなたならではのギフトにもなります。どのような仕事、役職、または職業に就いているかにかかわらず、また役割が親からマネジャーへ、そして地域のボランティアへと変われば、自ずとリーダーシップのスタイルは変化するでしょうが、その目的は変わらないはずです。

　あなた自身がリーダーシップの目的をより簡単に理解する方法として、次の質問を問うてみてください。「もしも、私が今の仕事や人生における役割から離れて、同等のスキルを持つ他の誰かが私の代わりをするとしたら、周りの人はどんな思いをするだろうか？」。この質問への答えが、あなたのリーダーシップの目的・目標を明らかにしてくれるはずです。

　本書の初版を書いて以降、目的への関心が大いに高まっています。ポジティブ心理学の父と称されるマーティン・セリグマンは、「目的とは人生を豊かにする道筋」だと述べています。ダニエル・ピンクは著書『Drive』（2010年刊行）の中で、「目的とは21世紀において際だった業績を収めるための3つの鍵の1つ」だと主張しています。また、ハーバード・ビジネススクールで女性リーダーがトップに立つには何が必要かを調査したところ、目的を明確にすることが不可欠だとわかりました。さらに、自らの人生に目的や目標を持っている人たちは、アルツハイマー病に罹患する可能性が2.5倍低くなるという医学上の発見もあります。

　ヴィクトール・フランクルは著書『夜と霧』（みすず書房、新版2002年）

（1991年のアメリカ議会図書館の調査で「私の人生に最も影響を与えた本」の９位タイ）の中でこう述べています。「幸福は追い求められるものではありません。幸福は意味と目的のある人生を送った結果として訪れてくるものです」。

　あなたは、自分の目的をどのように見いだしますか？　他人の目的を単に取り入れても、トゥルーノースを目指すことはできません。周囲の目的に触発されて、彼らと協力して共通の目標を目指すことはできますが、最終的にはあなたの目的はあなた独自のものでなければなりません。

　あなたの過去、現在、そして未来を通して、最も自分の目的や目標に沿って活動していた時代を見ていきましょう。そこから見えてくるものが、「あなたならでは」の社会への貢献（あなたの目的）を描き出す言葉です。その言葉は圧倒的かつ刺激的でなければなりません。重大な決定を下すための必要な内なる知恵を授けてくれるものだからです。

　リーダーとして、また組織としてのより大きな目的（あなたはきっと、これに時間とエネルギーを注いでいるでしょう）をどのように同期させるか──あなたがその方法を見つけ出せるよう手助けをしていきます。

目的を再発見する

　これまで、リーダーとしての目的を見つけ出せないままだったとしたら……？

　世界中で行った研修に参加した何千という人たちと時間を共にした結果、今自信を持って言えることがあります。むずかしいのは目的を「見つけ出すこと」ではなく、むしろ常にあなたの内から「再発見して自分のものにすること」です。あなたの目的や目標は、今ある自分と不可分であるにもかかわらず、あまりにも近くにありすぎて見えていなかったのかもしれません。ただし、これまでに何度も見え隠れしていたはずです。これから、「自分の目的や目標を自覚する」ために必要な視点を提案し、あなたが再発見できる距離まで近づくように手助けしていきます。

　人生経験の中には、目的や目標を再発見するために有用な３つの領域があります。下記のリストにある最初の２つは、あなたの情熱に関連するものです。情熱の近くにきっと目的や目標もあるはずです。

Ⅰ　あなたが何者なのか、何をすべきかすべきでないかを問われる前、つまりまだ子どもの頃に、ある活動に純粋な喜びを感じる経験をした魔法のようないくつかの瞬間。

Ⅱ　あなたが好きなことで、いつも人生の一部になっているものごと（スキーをする、歌うなど）。

Ⅲ　3番目の領域は、あなたの試練に関係します。あなたの人生の中で、全てが取り除かれ、目的と目標だけが露出したとき。

　ここでは、目的や目標を再発見するための転換点となるように刺激する表現を使います。あなたの目的・目標を表現するパターンを質問の流れに沿って見いだす演習だということを覚えておいてください。

演習10.1：情熱と目的・目標を再発見する

　まず、あなたの人生経験をレビューしてから、次の質問に答えてください。

演習10.1-1　子どもの頃、何をするのが一番好きでしたか？

演習10.1-2　一番好きなことをやっているときに感じていたことを記述してください。

演習10.1-3　好きだった理由は何でしたか？

演習10.1-4　10代の頃、あなたに喜びと達成感をもたらしたことは何ですか？　特にむずかしかったり、苦労したものを考えてください。当時、どのように感じたのか、何が起こっていたのかなどを含めて記述してください。

演習10.1-5　あなたの人生に影響力があったメンター（たち）が見いだしてくれた、あなたならではの特別な才能や資質は何だと思いますか（言い換えると、彼らが時間とエネルギーを注いでくれた理由になるようなあなたの才能や資質とは何だったのでしょうか）？

演習10.1-6　人生に何の制限もないとしたら（金銭、家族に対する義務、仕事の要件などに関する心配が一切ないとしたら）、どのように時間とエネルギーを費やしたいと思いますか？

演習10.1-7　あなたの目的・目標に関連する試練（複数可）から、何かを学びましたか？

演習10.1-8　これまでの人生で、長い間情熱を注いできたことは何でしょうか？　そのことをしているときの気持ちはどのようなものですか？
（例　バイオリンを弾く、セーリング、絵を描くなど）

演習10.1-9　昨年1年間で、最も楽しく、満足感が得られ、イキイキとできたときのことを記述してください。何が起きたのか、なぜあなたがそのような気持ちになれたのかもあわせて記述してください。

目的と目標を定義する

　演習10.1の質問に答えながら、目的や目標に向かって行動していたときを思い出して、何度か笑みを浮かべることがあったのではと願っています。

　このセクションでは、リーダーとしての目的や目標を定義する言葉の組み合わせを特定していきます。あなたが組み合わせる言葉は、たとえば、金庫を開ける番号の組み合わせのようなものです。組み合わせた言葉が目的や目標そのものではなく、アクセスする手段です。

　目的と目標を定義する前に、まずそれらは何なのかについて、誤解のないようにしておきましょう。

◎目的・目標とは言えないもの◎

（A）わくわくする仕事、役割、または肩書き

　例　IBMの新規市場部門を率いて、際だった業績を達成します。

　　　この人物がIBMを退職したり、転職してしまったら何が起こるでしょうか？　もしも、あなたが解雇されるようなことがあれば、それは目的ではありません。

（B）大義

例　世界中の飢餓撲滅を支援します。

　　たしかに大義は重要で、私たち全員がその実現を支援する必要があります。でも、この目的に従って、あなたはどのように子どもや友人たちと一緒に人生を歩んでいくことができますか？　もし、それらを切り離せないのなら、それはあなたの目的にはなりません。目的・目標は、あなたの人生のあらゆる側面で作動しているものです。

（C）基本的なことをすべてカバーするような一連の言葉のつながり

例　インフラ・ビジネスの推進者になって、誰もがそれぞれ必要な成果を達成できるようにする一方で、家族と仕事のバランスをとりながら、ビジネスの新しい原動力となる能力も習得します。

　　このステートメント自体が保険の保証契約のようなもので、目的・目標ではありません。

（D）もっともらしい文言

例　継続的、かつ一貫して自分自身と他者の成長と発展を促進し、優れたパフォーマンスをもたらすようにリードします。

　　人事部が大いに気に入るようなものであれば、それはおそらくあなたの目的・目標ではありません。

◎良い目的・目標とは◎

- あなたの人生のあらゆる側面で作動します。友人や配偶者たち全員が、「本当にあなたらしい」と言ってくれるはずです。
- 最後にあなたを笑顔にしてくれます。それがまさに最高のあなたです。人々に覚えていて欲しいと思うあなたです。
- あなたの人生行路が紡いだ独自の言葉であり、あなたそのものを語るものです。
- 一つひとつの言葉に大きな意味を込められています。

　上記の良い目的・目標の条件を満たしているステートメントのいくつかの例を次に紹介します。

- 不屈の精神で、輝かしい成果を生み出す
- 人生というオーケストラで常にリード・バイオリニストであること
- より深い知恵に到達できるように、（わざと）好奇心旺盛なトラブル・メーカーになる
- タブーから目をそらさずに解決するために動く
- 裏方で、優しく叱ることのできる存在になる
- 王国を救う侠客侍になる（＝弱気を助け、強気を挫く）
- 全体として真実であるとき、「半分の真実」だけを決して選ばない

『Harvard Business Review』の2014年5月号に掲載された記事「From Purpose to Impact」に、自分の目的・目標について考えるときに役立つ良い例とストーリーを記しています。

「私のこんなクレイジーな言葉を聞いたら、他の人はどう思うでしょうか？」と心配する必要はありません。声高に口にしましょう。どのような言葉で世の中に発信すればいいのかを考えればいいのです。オリバー・ウェンデル・ホームズが鋭く指摘しています。「我々の多くは、いまだ奏でられない音楽を内に残したまま墓に入る」。

ステートメント：「悪い例」から「良い例」へ

悪い例	良い例
新興市場部門を率い、比類のない業績を達成する。	「カオス」を取り除く。
インフラ事業の牽引役となって各メンバーの成果目標の達成を促しつつ、公私のバランスをとりながら、事業を率いる新たな力を身につける。	水と電気が使えない20億人に、それらを提供する。

自分と他者の成長と能力開発を継続的かつ一貫して、促進・支援し、優れた業績へと導く。	不屈の精神で輝きを生み出す。

出典：ニック・クレイグ、スコット・スヌーク、「目的を定め、成果につなげるプランの策定——優れたリーダーはストーリーのある目的を語る」『ハーバード・ビジネス・レビュー』(2015年3月号)，P109。

 ## 演習10.2：あなたの目的・目標を定義する

ステップ1

演習10.2-1　演習10.1の回答を基に、あなたの目的・目標の要素を書き出してください。完全な文章にする必要はありません。あなたに語りかけてくる考え、印象、言葉のリストを作ってみてください。

_____

_____

_____

_____

ステップ2

演習10.2-2　ステップ1で明らかになった要素を、次の形式で1つのステートメントのようにまとめてみましょう。

「私のリーダーシップの目的・目標は○○○です」(最初の大まかなパーパスの草案を空欄に記入してください)。

_____

_____

_____

ステップ3

演習10.2-3　あなたのパーパスを、10歳の子どもにどのように説明しますか？

_____

ステップ4

演習10.2-4　上記で記した目的・目標の中で、あなたが持つ生来の強みや才能を説明するフレーズは何でしょうか？

ステップ5

演習10.2-5　あなた「らしい・ならでは」の目的・目標を最もよく表している言葉を使って、もう一度、次の文を完成させてください。

「私のリーダーシップのパーパスは○○○です」。

目的・目標を持ったリーダーシップ

　あなたの行動が目的・目標と整合していればいるほど、より本物のリーダーに近づきます。言い換えれば、自分の目的・目標を内在化できれば、それがリーダーシップの柱になるのです。

> 　偉大だと思える目的のために生きること、ゴミの山に投げ込まれる前に完全に燃焼して生きること。そして自然の申し子で、熱っぽく手前勝手な不快感や怒りの塊になって、世の中は自分を幸せにする努力を払ってくれないと不平をたらたら言わないで生きることだ。これが人生の真の喜びだ。
> 　　　　──ジョージ・バーナード・ショー、『人と超人』（1903年刊行）の序文より

（訳者訳）

 ## 演習10.3：目的・目標を体現する

演習10.2で作成したステートメントを使って、フルに目的や目標を体現できた状況または時期をリストアップしてください。できごとや状況が短期間しか続かなかったとしても、過去から現在まで考えられることをすべて含めてください。

演習10.3-1　過去に、リーダーシップの目的や目標に沿って活動できたのはいつだったでしょうか？

_____

_____

_____

演習10.3-2　リーダーシップの目的や目標を達成できそうな将来の状況をいくつか挙げてみてください。

1 _____

2 _____

3 _____

演習10.3-3　明日、目的や目標にもっと沿えるために、今日あなたは何を変えたいと思いますか？

_____

_____

_____

個人と組織の目的や目標を同期させる

ここでは、リーダーとしての目的や目標とあなたが時間を費やしている組

織（学校、仕事、ボランティア活動）との同期度合いを見ていきます。人命を救う医薬品メーカーであろうと、食料品店チェーンであろうと、すべての組織にはそれぞれの目的や理念があります。自分と組織とのつながりを明確に理解することは、長期にわたって自分の目的や目標を発信する方法を会得する鍵となるステップです。それでは、どのようにつながればいいのかを一緒に見ていきましょう。

演習10.3-4　あなたが現在働いている、または関与している組織の目的や理念は何でしょうか？

_____

_____

_____

演習10.3-5　その組織の目的や理念は、リーダーとしてのあなたの目的や目標とどのようにつながっていますか？

_____

_____

_____

演習10.3-6　組織におけるあなたの活動は、どの部分があなた自身の目的や目標に最も同期していますか？

_____

_____

_____

演習10.3-7　あなたと組織の目的や目標との同期度合いを高めるために何ができると思いますか？

_____

_____

_____

目的・目標を持ったリーダー人生

　この章では、あなたの人生経験を振り返って、あなたの情熱とリーダーシップの目的や目標を発見しました。

　自分の目的や目標を明確にすれば、リードする理由も明らかになり、より優れたリーダーになれるでしょう。さらに、あなたの情熱を共有する人々を見つけ出し、コミュニティやチームを構築し、あなたの活動の成果も倍増するはずです。次の章では、他者を触発（インスパイア）し、共通の目的・目標に向かって団結させ、彼ら自身が一歩踏み出してリードできるように権限を委譲する（エンパワー）方法を検討していきます。

キーポイント

- 真のリーダーになるためには、リーダーシップの目的や目標を理解することが不可欠です。
- 自らの人生経験と試練をレビューすることで、リーダーとしての、あなたならではの才能が明確になり、リーダーシップの目的や目標を発見できるようになります。
- 自分の目的や目標に沿った生き方をすれば、他者に権限を委譲して、彼らが一歩踏み出してリードするようになります。
- あなた個人と組織の目的や目標を同期させれば、リーダーシップの成果を最大化する助けとなります。

第11章

エンパワーメント

次の世紀を見据えると、リーダーとは
他者に能力と自信を与える人たちのことだ
——ビル・ゲイツ

　本物のリーダーたちは成果を出すために、自分だけでなく、他者やチーム
の優れたパフォーマンスも期待しています。ただし、達成するためには他者
への期待と彼らの高い能力だけでは十分とは言えません。組織の目的・目標
を達成するためには、他者の能力と自信を育み、彼らがリードし責任を持つ
ようになる環境も必要です。本物のリーダーたちは、他者をエンパワーし、
共通の目的と一連の価値観にそって団結させ、彼らに一歩踏み出すことを促
し、リーダーシップを発揮するように後押しします。こうして、能力と自信
を備えたリーダーの集団を組織のあらゆるベルで創りあげていくのです。

エンパワーメント（能力と自信を育む）

　本物のリーダーは、あとに続くリーダーたちをエンパワーし、高いパフォ
ーマンスの組織を創りあげます。すべてのメンバーが自分の能力を最大限に
発揮するように奨励され、触発されるからです。それにはまず、あなた自身
が本物でなければなりません。次に、相互リスペクトを生む環境を創り、メ
ンバー全員を対等に扱い、彼らの話を聞き学びます。そのためには、誠実な
態度、オープンな対話と信頼性を奨励します。またチームメイトを育てるに
は、ただ忍耐強くあるだけではなく、議論と建設的な批判も求めなくてはな
りません。

　本物のリーダーに求められるのは、言いづらいことでも対話を通して他者
に知識、勇気、自信を与え、彼らが一歩踏み出してリーダーシップを発揮で
きるようにエンパワーすることです。エンパワーされたリーダーたちは、成
長を続けます。たとえ思い通りにいかなくても、支持されているという自信

があるからです。また、彼らが独自の強みを認識できるように手助けをすると同時に、その才能が実践の場で報われるような環境を創らねばなりません。

　このようにして、周りの人たちが気楽に真摯な会話に参加し、リードする責任を引き受ける雰囲気を作り出します。他のリーダーに敬意を払い、かつ責任を与え、そして彼らがリーダーシップを発揮して信頼の風土を創れば、彼らは結果にも責任を感じ、目的意識を共有して、自発的に一丸となって行動するでしょう。

エンパワーメントには責任が伴う

　メドトロニックに入社した当初、私はエンパワーメントに絞って多くのことを話しました。ところが、彼らの計画に異議を唱えたり、パフォーマンスが必達目標に達成していない理由を尋ねると、私の質問や疑問が彼らの能力を高め自信をつける役にはなっていないというフィードバックを受けたのです。

　このことを通して、説明責任に抵抗するのではなく、自らの目標達成に責任を持たせるためには何が必要なのだろうかと考えました。そして、彼らを真摯な会話に巻き込むに限ると気づいたのです。ある経営会議の中で、「エンパワーメントの不可欠な要素は、結果を達成するためには説明責任を負うこと」だと話しました。

　最後に、私を批評したひとりがこう言ってくれました。「あなたのことがよくわかりました。あなたの話は、責任を伴うエンパワーメントについてですね」。言葉は以前と同じでしたが、その言葉の意味を共有し、努力だけでなく結果に対して説明責任を負うことの重要性を受け入れてくれるようになったのです。

――ビル・ジョージ

演習11.1：エンパワーメントからの学び

> 目的　あなたがエンパワーされ、そしてエンパワーした経験から学ぶこと。

演習11.1-1　人生であなたが仕えた、もしくは近くで観察した最良のリーダーたちについて振り返ってください。これらのリーダーは、あなたのリーダーとしての潜在能力について、何かを伝えてくれましたか？

演習11.1-2　あなたの業績が良くなかったとき、彼らは何を言い、何をしてくれましたか？

演習11.1-3　彼らはあなたにどのような影響を与えてくれましたか？

次に、他者をエンパワーに成功した状況に目を向けましょう。

演習11.1-4　他者をエンパワーした成功経験について記述してください。

演習11.1-5　あなたはどういう言動で、相手が受け入れやすいようにエ

ンパワーしましたか？　結果はどうでしたか？

_____

_____

_____

演習11.1-6　他者を効果的にエンパワーできなかったときの状況を説明してください。

_____

_____

_____

演習11.1-7　何が妨げになって、他者をエンパワーできなかったのでしょうか？

_____

_____

_____

演習11.1-8　同じような状況下で、現在ある知見を踏まえていれば、違う方法でエンパワーしますか？　どのように違うかを説明してください。

_____

_____

_____

信頼と相互リスペクトを築く5つの方法

　エンパワーメントができるのは、双方が信頼と相互リスペクトの関係があるときだけです。私たちの研究でわかったことですが、オーセンティックなリーダーたちはいくつかのアプローチを使って信頼を築き、相互リスペクトをベースにして深く互いに引きあう関係性を作ります。そのための5つのアプローチを紹介します。各アプローチを実行に移す方法は演習で学習していきます。

（1）他者を対等に扱う

（2）積極的に耳を傾ける

（3）他者から学ぶ

（4）人生経験をシェアする

（5）ミッションに向けて一丸となる

〈他者を対等に扱う〉

　最も効果的に、より深い信頼と正直さを生み出す方法の1つは、ヒエラルキーを壊してしまうことです。リーダーには、より高い地位と権力がしばしば与えられます。そのため、相互リスペクト（対権威）に基づいた関係を構築するには、リーダーの責任で職場の環境を公平なものにしなければなりません。あなたが権力や権威を持つ地位にある場合に、一見些細（ささい）な行為であっても周囲を安心させるのに長い道のりを要することがあります。

　リーダーシップをとる際、関係する人たちと相互リスペクトに基づいた関係にあると彼らが感じられるように、次のことを検討してみてください。

- どこで彼らに会いますか？　あなたのオフィスですか、それとも彼らのオフィスですか？
- 彼らと交流するときの服装は（どこまで正式に）？
- 会議ではどこに座りますか（正面か横か）？
- 誰が最初に到着しますか？
- 食事はどこで食べますか？
- 手紙やメールでどのような挨拶語を使いますか？

 ## 演習11.2：職場環境を公平にする

> **目的** リーダーシップにしばしば伴う本来の権力とステータスの格差について、より深く考える。

　あなたが仕えた（または間近で観察した）リーダーの中で、正式な権限や地位に明らかな違いがあるにもかかわらず、公平な環境や現場を作るのが巧みだった人たちのことを思い出してください。

演習11.2-1　リーダーのどのような言動がきっかけで、現場の人たちは自分たちが大切にされ、リスペクトされていると感じるようになったでしょうか？

_____

_____

_____

　逆に、公平な環境や現場を作るのが下手だった人たちのことを思い出してください。

演習11.2-2　彼らのどのような言動がきっかけで、この関係は相互リスペクトに基づいたものではないと周囲が思い知るようになったのでしょうか？

_____

_____

_____

〈聞き役に徹して相手から話を聞き出す──アクティブ・リスニング〉

　私たちが誰かに提供できる最大の贈りものは、その人に対する「注目と配慮」でしょう。私たちは生まれたときから、ただ見て欲しい、聞いて欲しいのです。人の話に聞き入るという単純な行為が、相手に配慮しているという力強いメッセージになります。積極的に聞くことは敬意のしるしです。

　残念ながら、私たちのほとんどは聞き上手ではありません。でも、アクティブ・リスニングは習得可能なスキルです。そしてうれしいことに、そのスキル（そこにいて耳を傾けるという単純な行為）が、信頼と相互リスペクトを生む力強いツールになります。

　あなたはどれくらい聞き上手ですか？　真剣に聞いていますか？　注意

を払い、気を配ることは容易ではありません。しかも「注意を払う」には何らかのコスト（努力）がかかります。私たちの心は、当然揺れ動きます。忙しい日々を送っています。スマートフォンからはひっきりなしに着信音が聞こえ、音楽が流れ、画面が点滅しています。私たちは聴覚的にも視覚的にもうるさい、気が散りやすい世界に住んでいます。

　レストラン、映画館、会議、または教室で、周りを見わたしてください。何が見えますか？　人々が集まっていますね。おそらく食事を共にしたり、ショーを観たり、ビジネスの話をしたり、学んだりするためでしょう。でも、お互いの話を真剣に聞いている人は何人いるでしょうか？　アクティブ・リスニングとは単に聞くのではなく、また選択的に聴くとか、受け身で聴くとか、他の仕事をしながら聴くことでもありません。個人としてのコミットメントが必要で、その場にいて、深く耳を傾け、共感し、何かを学ぶことです。

　より聞き上手なアクティブ・リスナーになりたいのであれば、次の３つのことを行うとよいでしょう。まず、聞くことが重要であるとコミットする（コミットメント）、それから自分の頭の中で何が起こっているかを認識する（セルフ・モニタリング）、そして最後は実行、実行、実行（フィードバックを求める）。

　以下の演習は、あなたがアクティブ・リスニングを開始するのにきっと役立つはずです。

 ## 演習11.3：アクティブ・リスニング

◎コミットメント◎

演習11.3-1　本当に聞き上手な人のことを考えてみてください。なぜ彼らが聞き上手だと思いますか？

◎セルフ・モニター◎

　次回、誰かと話すとき、心の中で自分に問いかけてください。
「その場に注目しているか？」「どこに目を向けているか？」「相手が話しているとき、何を考えているか？」

◎実行とフィードバック◎

　次回誰かと話すとき、次のことを試してみてください。

- べらべらと話すのをやめる。邪魔しない。判断しない。問題を解決しない。返答を用意しない。
- 相手の真正面に向かって、前のめりになり、アイコンタクトを取り、うなずき、非言語的な表現（およびあなたの非言語表現にも）を観察してください。
- 一呼吸おく（沈黙を使用）。感情を表現する（例：声の響き… 表情・ニュアンス……）。言い換える（例：あなたが言いたいことは？　私にはこう聞こえるけど……）。疑問を確認して、最後に話を要約します。

演習11.3-2　話が終わったら、相手にフィードバックを求めてください。うまくできましたか？　何を学びましたか？

_____

_____

_____

〈他者から学ぶ〉

　たとえば、誰かから「この件ではあなたのアドバイスが本当に役立ちました」。または「これがどう機能するか知りたいのだけど手伝ってくれませんか？」と言われたら、あなたはどう感じますか？　他の人があなたの経験や意見、または専門知識を高く評価し、尊重してくれていると感じるでしょう。「とても助かりました」「あなたから多くのことを学びました」などで会話や会議を終わらせるという単純な行為が、相手をエンパワーし、相互リスペクトに基づいた関係を築くのに大いに役立ちます。

〈牽引型の会話と後押型の会話〉

「まず、理解に徹しなさい。そうすればあなたも理解してもらえます」。よく耳にするこの言い習わしは、古くは聖フランシスコに帰し、最近ではスティーブン・コヴィーによって知られるようになりました。その由来が何であれ、メッセージは明確です。もし私たちが本当に他の人から学びたいのなら、理解や探究することよりも主張や擁護することを自然に求めてしまうという傾向に打ち勝たねばなりません。

　会話の主な目的が、自分の主張を述べる、見栄えを良くする、および／または議論に勝つことである場合、あなたは間違いなく学習モードではありません。会話を進める最も簡単な方法は、「あなたの考えを知りたいので、教えてください」といった質問をすることです。「探求と主張／擁護」を正しくバランスをとることが、効果的なコミュニケーションと相互リスペクトをベースに有意義な会話を行う鍵になります。

　私たちのほとんどは、自らの見解だけを主張したり、擁護するモードに簡単に陥ってしまうことに気づいていません。次回、会議に参加したり、誰かと会話したりする際に、第三者にモニターしてもらい、「探究と主張／擁護」のバランスがうまくとれているかどうか、あなたの発言をモニターしてもらいましょう。

演習11.4：牽引型の会話とあと押型の会話

演習11.4-1　何割（％）の時間を、自分の立場を擁護することに費やしましたか（引用／実例を挙げた時間も含めます）？

_____

_____

演習11.4-2　何割（％）の時間を、相手の発言を聞くことに費やしましたか（引用／実例を尋ねた時間も含めます）？

_____

〈人生経験をシェアする〉

　障壁を打ち破り、より深いレベルの信頼と正直さを生み出す最も効果的な方法の１つは、あなたが直面した困難な経験、犯した間違いや失敗、それらから得た学びについて話すことです。自分の過ちを認め、得た学びを説明すれば、相手も安心して同じように話しやすくなるはずです。

 ## 演習11.5：あなたの人生経験をシェアする

> **目的** 個人的な経験を他者と共有すること。

演習11.5-1　この経験からあなた自身について、また相手のことについて、何を学びましたか？

〈ミッションに向けて一丸となる〉

　もし、他者を触発して難題にも挑戦させたいのであれば、まずはあなたの目的・目標を理解してもらわなければなりません。そうすることで、彼らをエンパワーして行動させることで、目的・目標を実現できます。

 ## 演習11.6：他者をエンパワーしてミッションを達成させる

> **目的** 他者が自分のミッションを理解し、達成できるよう勇気づける方法を見つけ出すこと。

　この演習は、数人の友人や同僚と彼ら自身の情熱とリーダーシップの目

的・目標について話すことから始めます。

演習11.6　こういった会話を通して、彼らにどのような手助けができた
と思いますか？

_____

_____

_____

　あなたがリーダーとして抱える最大の課題の1つは、組織全体のミッショ
ンと一致する共通の目的のもとにチームや組織内の人々を団結させることで
す。組織の目的や価値観があなたにとって意義があるかの理由を共有し、ま
た目的や価値観にどのように符合しているのかを説明すること、これが団結
力を高める方法の1つです。そのあとで、他の人にも同じことをしてもらう
といいでしょう。

　目的や価値観について話す際にチームを巻き込むことで、あなたはチーム
全体を鼓舞し、それが組織の目的達成につながります。チームのメンバーた
ちは、その価値観に従って頑張ろうと決意するはずです。21世紀の今日にお
いて、「人が人を支える」という言葉は、これまで以上に真実を表現してい
ます。

演習11.7：共通の目的に沿って人々を束ねる

> **目的**　共通の目的・目標に沿って人々を団結させる方法を探す。課題
> は、周囲の人々が、彼ら自身とチームや組織の目的や価値観を同期さ
> せること。

演習11.7-1　あなたと組織の目的・目標の間にはどのような関係があり
ますか？　個人と組織の同期度合いを評価してください（現在、チームや
組織に所属していない場合は、所属していた当時のことについて回答しま
す）。

_____

_____

演習11.7-2　あなたは他者をどのように触発して、共通の目的と価値観に同期するように仕向けたでしょうか？

_____

_____

演習11.7-3　あなたは今後、どのような具体的なステップを踏んで、組織の中で共通の目的と価値観の同期を高められると思いますか？

_____

_____

〈他者をエンパワーして責務を果たす〉

　業績目標の達成と他者へのエンパワーメントとの間で、リーダーたちが板挟みになってしまうことは決して珍しくはありません。彼らは、業績目標が達成から遠ざかっていると感じると、エンパワーして委譲したはずの権限をメンバーから取り戻したくなるものです。ところが、業績目標の達成が難しくなる原因の多くは、他者へのエンパワーメントが少なすぎるからです。目標達成の手段としてエンパワーメントを使うことが肝心なのです。

　ときとしてメンバーの行動に介入し、厳しい選択をし、指示することが適切で必要な場合もあるでしょう。本音と必要性に応じた介入であれば、エンパワーメントの風土は保てるはずです。しかし、怖れから反射的に主導権を奪ってしまうと、彼らに当事者意識を持たせるための信頼感と自信そのものを壊すリスクを生むことになります。

演習11.8：エンパワーメントと業績目標達成

> **目的**「エンパワーメント」と「業績目標達成」の間に葛藤が生じた
> とき、自分自身をどうマネジメントするかを考える。

演習11.8-1　「エンパワーメント」と「業績目標達成」との間に葛藤が生
じたときの状況を簡単に説明してください。

_____

_____

_____

演習11.8-2　どのようにその葛藤を解消させましたか？

_____

_____

_____

演習11.8-3　そういった葛藤を感じたとき、どうすれば「エンパワー」
しながら、「目標達成」できると思いますか？

_____

_____

_____

演習11.8-4　あなたが現在リーダーの立場にある場合、職業人生にとっ
て大切な人たちをエンパワーして彼らが一段と成果をあげるリーダーにな
るように、たとえば来月、何をしたいと思いますか？

_____

_____

_____

演習11.8-5　あなたの同僚に対して何ができるでしょうか？

_____

演習11.8-6　あなたの上司に対して何ができるでしょうか？

他者をエンパワーしてリーダーを育てる

　この章で取り上げた各アプローチは、あなたが他者をエンパワーし、彼らが一歩踏み出してリーダーシップを発揮できるようにするためのものです。最初はリスクが最も低いと思われる提案から始めてください。そうしていく中で、周囲のリーダーたちをエンパワーする最善の方法を学べるはずです。

　エンパワーメントには、さまざまなやり方があります。オーセンティックなリーダーの中には、雄弁家で、たとえばステージ上から刺激的なスピーチができる人がいます。他にも聞き上手で、部下たちにサポートやご意見箱を提供する人がいます。さらに、各個人に適した方法でチームのすべてのメンバーを育成する人もいます。そのスタイルに関係なく、成果をあげるリーダーは自分「らしい・ならでは」の方法で他者をエンパワーし、相互交流を促しています。

　次に、リーダーシップに関する基本的なスタイルの問題を検討します。

リーダーシップのスタイル──臨機応変なアプローチ

　スタイルとは、単にあなたがどのようにリードをするかというものです。リーダーシップに最善のスタイルなどは一切ありません。なぜなら、私たち全員はそれぞれ異なっているのですから。ただし、一部のスタイルが他のスタイルよりも優れている場合もありますが、それもときや場合によりけりです。

　では、どのようなときや場合によりけりなのでしょうか？　どのような場合でも、リーダーシップのスタイルは、基盤となる2つの要因の影響を受け

ています。１つ目は現在のあなたは何者なのか、２つ目は状況や環境に特有な変数です。本書全体は、１つ目の要因について何らかの明快な理解が得られるように設計されています。私たちは皆、何らかのリーダーシップのスタイルや型を持っています。あなたのコアの価値観、情熱、能力、そして目的・目標に沿っていれば、それが今のあなたにとって最も自然体のスタイルと言えます。

　１つ目の要因を開発する方法は、自己認識を高めることです。

　２つ目の要因を支える開発能力は、状況認識です。さまざまなリーダーシップや組織の環境に定期的に身を置くことで（しばしばストレッチ・アサインメントと呼ばれる）、環境に潜在する広範囲の変数を読み取り、対応する能力を高めることができます。そのような変数としては、社会規範、組織文化、部下のニーズ、タスクの狙い、業界の力学、時間的プレッシャー、世代パターンなどがあげられます。

　たとえば、祖父母の世代でうまくいったことが、現代には通じないかもしれません。わずか二世代で、リーダーシップ（および育児）の主流スタイルが変わりました。主にトップダウンで階層的な管理アプローチ（子どもは由らしむべし知らしむべからず。従業員も同様）から、画一的ではなく、かつエンパワーするアプローチへと移行しました。つまり、エンパワーメントを使う方法です（この章のタイトルの通り）。ところが、シリコン・バレーのソフトウェア・エンジニアに対してはうまくいく方法は、南アフリカのプラチナ鉱夫には通じないでしょう。

　同じ企業内であっても、製造現場で有効な方法が研究開発ラボでは有効でない場合もあります。その場に潜在する特有の状況変数は、マクロな世代や社会から個々人やさまざまなタスクにまで、全てのレベルにおよんで存在します。たとえば、普段の日ならスコット（共著者）をやる気にさせるのはかなり軽いタッチで十分です。ただし、彼が初めてのタスクに取り組むような状況であれば、より順序だてたアプローチの方がうまくいくでしょう。

　以下のリストは、６つの主要なリーダーシップ・スタイルをまとめたものです。まずは目を通して、現在のあなたのスタイルや型、あるいは自分が最も快適だと感じるスタイルや型に該当するものがあるかをみてください。

◎６つの主要なリーダーシップ・スタイル◎

- **指令型**　ただちに従うように要求するリーダーシップ
- **関与型**　人々をビジョンに向けて団結させるリーダーシップ
- **コーチ型**　未来のリーダーを開発するリーダーシップ
- **コンセンサス型**　参加型で賛同を積みあげるリーダーシップ
- **同調型**　感情的な絆と調和を生み出すリーダーシップ
- **エキスパート型**　卓越性と自立性を期待するリーダーシップ

 演習11.9：あなたの自然体のリーダーシップ・スタイル

　リーダーとしてあなたがこれまで経験した全体を振り返ってみてください。権限のある公式な立場だとか、単にステップアップして何らかの集団目標に向かって他者を動かそうとした非公式な状況であるなどにかかわらず、あなたに最も該当するリーダーシップのスタイルを説明してください。あるいは他のすべての条件を同じにした場合、あなたが自然体でいられるスタイルはどれでしょうか？

演習11.9　自然体でいられるリーダーシップは、上の６つのスタイルのうちどれですか？

_____

_____

_____

 演習11.10：あなたがリードされたいと思う
**　　　　　　リーダーシップのスタイル**

　リーダーシップに関しては、誰もが自分にとって自然なスタイルを持っています。また、自分たちがリードされたいスタイルもあります。これらの２

つは、同じ場合とそうでない場合があります。リードされたこれまでの経験
を振り返ってください。

`演習11.10`　リードされたい、あるいは望ましいと思うリーダーシップの
スタイルはどれですか？

_____

_____

_____

 ## 演習11.11：最も効果的なリーダーシップのスタイル

　組織の目標に向かって、成功裏に他者に影響を与えられた例を考えてみま
す。たとえば、彼らの業績をより高いレベルに引き上げた例で考えてみまし
ょう。この例は、あなたが公式な権限を持つポジションにいた場合か、ある
いはステップアップしてリードした場合のどちらかのはずです。

`演習11.11-1`　あなたがベストな状態でのスタイルは、6つのスタイルの
うちどれですか？

_____

`演習11.11-2`　その状況下で、最も特有な変数は何だったと思いますか？

_____

_____

_____

演習11.12：最も効果的にリードされたいスタイル

　組織の目標に向かって、他の誰かがあなたに影響を与えることに成功した
例を考えてみます。同じように、あなたの業績をより高いレベルに引き上げ、

能力を最大限に引き出してくれた例を考えてみましょう。

演習11.12-1　あなたの能力を最大限に引き出してくれたリーダーシップ・スタイルはどれですか？

_____

_____

_____

演習11.12-2　その状況下で、最も特有な要因は何だったと思いますか？

_____

_____

_____

✎ 演習11.13：リーダーシップ・スタイルのインベントリー

演習11.13-1　演習11.9から11. 12までの回答を見直してください。4つのスタイル（自然体のスタイル、望ましいリードされたいスタイル、最も効果的なスタイル、最も効果的にリードされたいスタイル）は全て同じでしたか？

_____

_____

_____

演習11.13-2　状況的な背景を加味して、リーダーシップ・スタイルについてどのように考えるべきか、あなたが理解したことをまとめてください。

_____

_____

_____

リーダーシップのスタイル

　スタイルに関しては、効果は状況への適応度次第だと言えます。自分が何者かを知り、状況にふさわしい条件が与えられている場合、状況に合わせてスタイルを変えても、あなたが本物のリーダーである限り、成功するでしょう。別の言い方をすれば、あなたはリストにある６つの主要スタイルのどれを採用しても成功できるはずです。そのためには、あなたが選んだスタイルがその場の状況にフィットし、しかも自分「らしい・ならでは」を失うことなく、そのスタイルを適用しなければなりません。

　私たちは皆、自然体のスタイルとリストにあるようなリーダーシップの型やスタイルを持っています。私たちが何者であるか次第で、特定の状況に求められるスタイルにどこまで柔軟に対応できるかに関しては、現実的な制限が課せられます。たとえば、時間の余裕がないときに難題が生じた場合、あなたの自然体のスタイルがコンセンサス型のリーダーシップであっても、より指令型のスタイルを採用する必要が生じるでしょう。ただし、この場合でも、「自分らしさ」を失うやり方をしてはなりません。

　単純にスタイルの観点から言えば、長期にわたってリーダーとして成果をあげる可能性を高める方法が少なくとも３つあります。１つ目は、ほとんどの場合に当てはまりますが、自然体のスタイル、あるいはその状況や背景にあったスタイルでリーダーシップをとること。２つ目は、自己認識をより高める努力を続けること。３つ目は、状況や環境が変化することに柔軟に対応すること。リーダーシップ開発の見地から言えば、時間と共に自己認識を深めかつ状況認識を高めていく限り、さまざまな状況下で成果をあげることができるようになります。生涯にわたって続くプロセスです。

キーポイント

- ●オーセンティック・リーダーは、他者をエンパワーして彼らをリーダーに育てます。
- ●他者をエンパワーするには、模範を示して、真実性や高い基準および責任の共有という文化を創造しなければなりません。
- ●エンパワーするリーダーになるためには、チームや組織に信頼と関与を

　構築する率直な会話が必要です。

● オーセンティック・リーダーは、全ての人を対等に扱い、積極的に耳を傾け、他者から学び、彼らのストーリーを共有し、共通の目的・目標に沿ってまとめあげます。

● リーダーシップ・スタイルとは、単にリーダーシップをとる方法です。

● 最善のリーダーシップ・スタイルが１つであるということはありません。他よりも優れたスタイルはありますが、状況によりけりです。

● リーダーシップの効果は、自分たちが何者であるか、状況に潜在する変数そして自分たちのスタイルとの適合性によって決まります。

● 私たちは、６つの主要なリーダーシップ・スタイルのどれを使ってでも成果を出すことができます。ただし、そのスタイルがその状況と適合していて、さらに本物の自分に適合させなければなりません。

● 私たちが自己認識と状況認識を高めていく限りは、時間の経過とともに成果を出せる状況の範囲を広げることができます。

第12章

あなたのリーダーシップ開発プラン

ちっぽけな計画など立ててはいけない。
そんなものでは情熱は奮い立たないし、
計画そのものを実現しようともしないだろう。
——ダニエル・ハドソン・バーナム

　オーセンティック・リーダーシップを発見する演習は完了しましたが、それらを全て含めたリーダーシップ開発プラン（PLDP）を作成する準備はまだ整っていません。あなたならではのPLDPが本書の最後の頂点で、リーダーとしての成長にとって重要な行動指針になります。

　PLDPは、一度作っても、逐次変更可能なものでなければなりません。折りに触れてリーダーシップ開発の進捗状況を評価するためです。常に経験から学び、リーダーとして成長していくには、PLDPを更新して進捗状況を追跡していく必要があります。リーダーシップについて学んだことをドキュメント化して、進むべき新たな道筋を探していきましょう。

　PLDPは、あなたが属している組織の戦略計画と何ら変わるものではないでしょう。ただし、ビジョンとゴールを明確するだけでなく、ゴールに到達するための戦略の詳細や経験、そのときどきで入手できる情報に基づいて更新していかねばなりません。

　PLDPは本書の最後のステップですが、あなたにとってはオーセンティック・リーダーになるためのマイルストーンの1つに過ぎません。探検家であれば、自分が行きたい場所を知っていても、旅の途中で未知の土地への挑戦を厭いません。新たに発見したことを取り入れて、旅程の地図を更新しなければなりません。予定していたルートも調整して、遭遇する障害を回避する道を見つける必要もあります。常に羅針盤を用いてトゥルーノースを確認しながら、道筋を維持し、コースから外れてしまうと感じたら修正すればいいのです。

　肝心なのは、このPLDPはあなた独自のものであって、コンサルタントや教師から渡されるものではないということ。あなた自身が計画の所有者であって、あなたにとって真実でなければなりません。PLDPとトゥルーノースを同期させるために、計画をいつ、どのように適応させるかを決定できるのはあなただけなのですから。

　本書はこれで最終章になりましたが、これが最終到達点ではありません。あなた独自の本物のリーダーシップの発見が完結するということでもありません。完結という状態があって、そこであなたは単に本を閉じて終わりにして、他のプロジェクトに移れるわけではないのです。オーセンティック・リーダーシップへの道をあなたは歩み続けています。それは生涯をかけた旅です。これからも、価値観とモチベーションを試される新しい試練に常に向き合うことになるでしょう。そして、目的・目標から外れてしまうことも無限にあるでしょう。オーセンティック・リーダーシップを高めれば高めるほど、心が乱れることも多くなるでしょう。でも、その分だけトゥルーノースへの決意を深める機会が増えるのです。

　ジャズのトランペット奏者であるウィントン・マルサリス（フォーチュン誌でアメリカのベスト・リーダーの１人に選出）が、かつて父親に、世界クラスのミュージシャンになるための鍵は何かと尋ねたとき、父親はこう答えたそうです。「誰もやらないことを１つだけやりなさい。つまり毎日、演奏することだ」。

　今あなたがやるべきは、一歩前に踏み出すことです。トゥルーノースのビジョンを明確にし、開発プランをデザインして、そのプランを日々実行することです！

あなた自身のリーダーシップ開発プラン

　自己認識の向上が、健全な心身の向上に役立つことがこれまでの演習でおわかりいただけたと思います。あなた自身のリーダーシップ開発プランを立

てるにあたっては、あなた自身がプランの基盤となります。ここからは、これまでの演習を見直しながら、変更を行い、その基盤を整えていく作業を進めていきます。

 ## 演習12.1：個人的なリーダーシップ開発プラン

〈Ⅰ　知的開発〉
演習12.1-1　あなたが心の奥深くまで向き合うことのできる場所（状況）はどこですか？

1
2
3

演習12.1-2　あなたが心を解放できる場所（状況）はどこですか？

1
2
3

演習12.1-3　読書を通じて、どんな知的分野を発見できると思いますか？

1
2
3

演習12.1-4　住んでみたい、または訪れてみたい場所はどこですか？

1
2
3

〈Ⅱ　自己鍛錬とストレス管理〉
演習12.1-5　食生活をもっと健康的にするには、どうすればいいと思い

ますか？

1 _____

2 _____

3 _____

演習12.1-6　一段と質の高い運動をするために、何をすればいいと思いますか？

1 _____

2 _____

3 _____

演習12.1-7　質のよい睡眠パターンを習慣づけるには、どうしたらすればといいと思いますか？

1 _____

2 _____

3 _____

演習12.1-8　より良い自己管理（ストレス管理）のために、以下の行動の中で始めたいもの／向上させたい／復活させたいと思う習慣はどれですか？（複数可）

習慣	備考
瞑想する、座禅をくむ	
走る、散歩する、筋トレをする	
ヨガ、同様のエクササイズをする	
祈る、内省する	
配偶者、友人、メンターと話す	
音楽を聴く、楽器を弾く	

テレビを見る、映画を観る	
その他	

〈Ⅲ　試練〉

第3章で行った試練に関する演習をレビューしてください。

演習12.1-9　試練の物語で得た気づきや学びの中で、あなたが常に念頭に置いておく必要があるものを記述してください。

_____

_____

_____

〈Ⅳ　自己認識〉

第4章の自己認識に関する演習をレビューして、現時点の状況を踏まえてアップデートします。自己認識と自己受容（あるがままの自分を受け入れる）を高める旅路で、あなたが今どこにいるのかを考えていきます。

演習12.1-10　自己認識と自己受容を改善するのに、必要だと思われる分野の上位3つを挙げてください。

1 _____

2 _____

3 _____

演習12.1-11　上で挙げた3つについて改善するための具体的な方法は、どのようなものがあると思いますか？

1 _____

2 _____

3 _____

演習12.1-12　あなたは今、自分にどれくらい満足していますか？　もっ

と自分を受け入れるために、何ができるでしょうか？

_____

_____

_____

〈Ⅴ　価値観、リーダーシップの原則および倫理的境界〉

　第5章で取り組んだコアとなる価値観、リーダーシップの原則、倫理的境界をレビューして、現時点の状況を踏まえて、更新してください。次に、それらを重要度順にランクづけします。倫理に反していないもの（倫理を保てているもの）には、★印をつけてください。

演習12.1-13　表5.1（あなたの価値観の定義）を更新したあとに、現在のあなたが思う重要度順にランクづけしてください。

価値観の呼称	価値観の定義	ランク

演習12.1-14　上で回答した価値観の中で、リーダーシップの原則の基盤となる価値観はどれですか？

1 _____

2 _____

3 _____

演習12.1-15 あなたの職業人生を導く倫理的境界は何ですか？

1	
2	
3	

〈VI　モチベーション〉

第6章で行った演習をレビューして、外発的および内発的モチベーションと、それらに潜在する罠のリストを現時点の状況を踏まえて更新します。

演習12.1-16 外発的モチベーション（表6.1）の更新

	カテゴリー	私の外発的モチベーション	ランク
1	金銭的な報酬		
2	権力の獲得		
3	タイトルの獲得		
4	社会的な評価		
5	社会的地位		
6	他人に勝つ		
7	権威ある機関とネットワーク		
8	その他		

演習12.1-17 内発的モチベーション（表6.2）の更新

	カテゴリー	私の内発的モチベーション	ランク
1	個人の成長		
2	良い仕事をする満足感		

3	人の成長を支援する		
4	他者を導き、指揮する		
5	大切な人と一緒にいる		
6	努力に意味を見いだす		
7	自分の信念に忠実である		
8	世の中を変える		
9	他者に影響を与える		
10	その他		

演習12.1-18　トータルのモチベーションと潜在する罠の回避──上の2つの演習で回答したカテゴリーを合せた中から、上位3つを選んでください。それぞれに潜む罠と回避する方法も合せて考えてください。

	トータル3位までのモチベーション	潜在する罠と回避する方法
1		
2		
3		

〈Ⅶ　スイート・スポット〉

　同じく第6章で行った演習をレビューして、それぞれ現時点の状況を踏まえてアップデートします。

演習12.1-19　表6.1を更新したあとのあなたのリーダーシップの強みは何ですか？　上位3つを書いてください。

1 _____

2 _____

3 _____

演習12.1-20　演習6.6を更新してから、現在のあなたのスイート・スポットについて記述してください。

_____

_____

_____

〈Ⅷ　サポート・チームを強化する〉

　第７章の演習で回答した「あなたにとって重要な人たち」と、「個人的な職業上のサポート・チーム・メンバー」のリストを現時点の状況を踏まえて更新します。

演習12.1-21　現在、あなたの人生で重要だと思う人たちを挙げてください。

1 _____

2 _____

3 _____

演習12.1-22　現在、あなたが完全にオープンになれる（すべてをさらけ出せる）と思う人たちを挙げてください。

1 _____

2 _____

3 _____

演習12.1-23　あなたが悩んでいる時に、現在相談できる人たちを挙げてください。

1 _____

2 _____

3 _____

演習12.1-24　現在のあなたの相談にのり、アドバイスをくれる個人的な

友人を挙げてください。

1	
2	
3	

演習12.1-25　現時点でのメンターを挙げてください。

1	
2	
3	

演習12.1-26　現時点での「職業上のサポート・チーム」のメンバーを挙げてください。

1	
2	
3	

〈Ⅸ　個人的な気づきや学び〉

　公私を統合した人生に関して行った第8章の演習をレビューして、更新していきます。

演習12.1-27　現在、自分の内面的な成長のための何を行っていますか？あるいは、今後何を行っていけばいいと思いますか？

演習12.1-28　公私を統合した人生を送るために、どういった行動計画を立てていますか？

演習12.1-29　職業上および個人的なゴールに到達するために、犠牲にしたり、またはトレードオフしようと思っていることはありますか？

演習12.1-30　現時点で、あなたが好きなことは何でしょうか？　また、好きなことにもっと時間を費やせるようにするためにはどうしたらいいと思いますか？

〈X　「私」から「私たち」へ〉

　第9章で行った演習をレビューして、「私」から「私たち」へどのように転換すればいいかを更新していきます。

演習12.1-31　どうすれば、より「私たち」志向で活動できると、今は思っていますか？

〈XI　リーダーシップの目的・目標〉

　第10章で行った演習をレビューして、リーダーシップの目的・目標をどのように生かしていくのかを更新していきます。

演習12.1-32　現在のあなたのリーダーとしての目的・目標を記述してください。

〈XII　リーダーシップ・スタイル〉

　第11章の演習をレビューして、自分とリーダーシップ・スタイルとの関連を更新していきます。

演習12.1-33　現在あなたが好むリーダーシップのスタイルはどれですか？

演習12.1-34　プレッシャーを感じると、どのようなリーダーシップ・スタイルをとりがちですか？

演習12.1-35　権力のある人や威圧的な人に直接対処するときには、どのような行動／態度をとりますか？

演習12.1-36　他人に対して権力を行使するとき、あなたはどのような行動／態度をとりますか？

〈ⅩⅢ　リーダーシップ開発の鍵となる経験〉

演習12.1-37　あなたのリーダーシップをさらに向上させるために、今後何を経験していけばよいと思いますか？

あなたのトゥルーノースは生きている

あなたのリーダーシップ開発プラン（PLDP）の作成を完了しました。これから本物のリーダーとして、ビジョンを洗練したものにしていくステージが始まります。

オーセンティック・リーダーとして成長し続けたいのであれば、過去の人生経験と現在あなたが目指すリーダー像とのバランスをとっていかなければなりません。多くのリーダーたちは、未来へと導く術を過去からしか学ぼうとしないため、何年経っても同じ状態のままでいます。これまで見てきたように、過去はトゥルーノースを発見するのに役立ちますが、未来へのビジョンこそが旅の続きを導くのです。その先にあなただけが成し遂げられるレガシーが待っているのです。

演習12.2：未来を創造する

これから、リーダーシップの旅の新しい道を切り開こうとしています。演習1.1で描いたあなたの人生の絵図を取り出してください。その先に続く道を、新しい紙を用意して描いていきます。新しい道は現在から始まり、未来へと続くものにします。

5年後の未来を想像してください。リーダーとしてこうありたいと思うビジョン（あなたの姿や将来展望）を思い描きます。そして、あなたがその目的や目標に沿った活動をしている状況も思い描きます。

思い描いたビジョンに含まれる要素をすべて描き入れながら、作成してい

きます。具体的な将来像を思い描くために、以下の質問を自分にしてみるといいでしょう。

「どんな仕事をしているのだろうか？」
「どんな役割が課せられているのだろうか？」
「どんな自分らしい・ならではの才能を発揮しているのだろうか？」
「とりまく環境にどんな影響を与えているだろうか？」
「周りの人にどんな影響を与えているだろうか？」
「組織や会社にどのような影響を与えているだろうか？」

　５年後のビジョンを完成させるために必要なマイルストーンや節目となるイベント、変更を加えた道筋も加えてください。
　次に、４年目、３年目、２年目、１年目にあなたがどこにいるかを記し、マイルストーンやイベントも追加してください。

演習12.3：あなた自身の開発プラン

> **目的** 演習12.2で描いたビジョンを達成するためのアクション・プランを作成する。

演習12.3-1　演習12.2で描いたビジョンを言葉にして、「５カ年プラン」を書いてください（結果や成果だけでなく、こうありたいと思うリーダーのタイプも含めてください）。

_____

_____

_____

演習12.3-2　「５カ年プラン」を実現するために、今後２～３年で成すべきことは何だと思いますか？

_____

演習12.3-3　２〜３年後のゴールに向けて、今から１年間に成すべきことは何でしょうか？

演習12.3-4　１年目のゴールに向けて、今から３カ月の間に成すべきことは何でしょうか？

演習12.3-5　３カ月目のゴールに向けて、今から１カ月の間で開始すべき取り組みを３つ挙げてください。

1
2
3

　これで、あなた自身のリーダーシップ開発プランと５年後のビジョンが完成しました。スタートに向けて取り組むべきことも設計できました。おめでとう！

おわりに

歴史そのものをねじ曲げるほどの偉大さを持っている人は
ほとんどいないだろう。
しかし、私たち一人ひとりは努力してできごとの
ごく一部を変えることができる。
そして、これらすべての行為の合計がこの世代の歴史として残るだろう。
──ロバート・F・ケネディ

　あなたのトゥルーノースは目の前にあります。そこに辿り着くための能力、ツール、モチベーション、そして情熱をあなたは備えています。本気で取り組めば、世の中を変えることができます。

　故ロバート・F・ケネディが言ったように、あなた1人では歴史を変えることはできないでしょう。でも、周囲の人たちと協力し、一歩前に出てリーダーシップをとることで、今はまだ思いもよらないような方法で世の中に影響を与えることができるはずです。

　あなたのリーダーシップが今必要とされています。あなたは前に踏み出してこのチャレンジに向き合いますか？　他のリーダーたちをエンパワーして、あなたの大義の下に集められますか？

　2つの質問を自分に問いかけてください。「私でなければ、誰が？」「今でなければ、いつ？」

　大きな課題に直面したときに、人は圧倒されてしまったり、自分では不足だと感じたりしがちです。あなたがそう感じたら、マリアン・ウィリアムソンの次の言葉を参考にしてください。

「最も恐れているもの」

　私たちが最も恐れているのは、自分の無力さではありません。

　計り知れないほどパワフルな自分を一番恐れているのです。私たちが怯えているのは、自分の光の部分であって闇の部分ではありません。自分に問い

かけましょう。「聡明で、輝いていて、才能に溢れたすばらしい人間に、私は本当になれるのだろうか?」と。あなたになれないものなどないのです。あなたは神の子なのだから。

　小さく振舞っても世の中に貢献はできません。縮こまっていても世の中は明るくなりません。

　あなたの周囲の人たちが不安を感じなくていられるためにも。

　私たちは内なる神の栄光を明らかにするために生まれてきたのです。神の栄光はだれか特定の人だけにあるものではありません。私たち一人ひとりみんなの中にあるのです。

―― ウィリアムソン、M.『愛への帰還』より (1998年、太陽出版)

　私たちは皆、リーダーシップの才能を自分の中に持っています。私たちに与えられた使命は、その才能を使って、この世の中を少しでも良くすることです。才能不足だと思ったり、寡黙でいてはいけません。自分には才能があるのだと声を上げ、その才能を使ってください。

　リーダーシップは肩書きではなく、あなたが選択するものです。

　トゥルーノースを追求すれば、あなたの使命が明確になります。 自分のコンパスに従えば、あなたはオーセンティックなリーダーになって世界を変え、あなたの足跡を辿るすべての人々にレガシーを残すことができるのです。

ビル・ジョージ

〈付録A〉 このガイドブックの使い方

　Discover Your True Northのフィールドブックは、あなた自身のトゥルーノースを発見できるように設計されています。章立ては、このガイドと並行して読んでいただきたい本編の『True North　リーダーたちの羅針盤』（前出）に基づいています。フィールドブックの各章は、本編を補っていて、それぞれが前の章をベースにして進むように組み立てられています。

　オーセンティックなリーダーを目指す旅路は、あなた個人のものです。だから、あなた自身が始めなければなりません。でも、ひとり旅をする必要はありません。このフィールドブックの中身をより効果的にできる活用法を紹介していきましょう。

個人で使用する場合

　単独ですべての演習を行い、パーソナル・リーダーシップ開発プラン（PLDP）を立案できます。より真摯に取り組めば、一層役立つはずです。誰か他の人が演習の回答を授けてくれたとしても、それではあなた自身の回答にはなりません。つまり、オーセンティックではないということ。この旅路で最も重要なのは、あなた自身が決定していくことです。

ピア・グループ（同僚や仲間同士で作ったグループ）の メンバーとして使用する場合

　多くの指導者たちから、友人同士や新しく知り合った人たちと一緒に演習を行うのが、大変効果的だという評価を得ています。この方法で効果を高めるために、定期的に３〜６人の人たちと会って、学んでいる内容について話し合うことをお勧めします。各演習を個々に完了させてから集まり、それぞれの演習作業について、オープンに議論し、他のメンバーからのフィードバックを求めます。リード役はグループのメンバーで交代に務めて議論を進めていきます。なお、リーダーシップ・ディスカッション・グループの作り方については、付録Bを参照してください。

　共同で演習作業を行う大規模なグループのメンバーの場合には、特定のインストラクターまたはプロのファシリテーターに協力してもらうのもいいでしょう。彼らは演習の狙いを明確にしたり、ディスカッションの方向性を示すなどグループが軌道から外れないようにしてくれます。ただし、大規模なグループであっても、ディスカッションは３〜６人のメンバーでできるようにすることが重要です。ハーバード・ビジネススクール（HBS）でスコット（共著者）のクラスを受講した学生の多くが、２年間のMBAプログラムの中で、グループによるリーダーシップ・ディスカッションが最重要の経験の１つになったとコメントを残しています。

チームのメンバーとして、あるいはリーダーとして使用する場合

　組織内でチームのリーダーを任されたら、「もし、メンバー全員がそれぞれのトゥルーノースに沿って活動していたらどういうことになるだろうか」と思うことでしょう。

　オーセンティック・リーダーシップの発見に取り組むチームのメンバーとして、互いに協力しあい、より優れたリーダーになるために経験を共有することがパワフルな経験となります。

　本書は、あなたが所属する組織や職場内のチームでも使用できます。あなたがガイドしてもいいし、あるいはチーム形成の専門コンサルタントを使って行ってもいいでしょう（チーム形成に関しては付録Bを参照してください）。

コーチまたはメンターとして使用する場合

　コーチやメンターの立場であれば、本書を使って、新米リーダーたちが彼ら自身のトゥルーノースを発見するためのサポートができるでしょう。各章は、セッションを行う際に効果的な前準備ができるように設計されています。あなたが励ましたり、フィードバックを追加すれば、新米リーダーたちは自分たちの人生経験やその本質をより深くとらえ、より「自分らしい自分」に近づけることでしょう。

　メンターとして参加する場合は、まずはあなた自身で演習を完了しておくことが必須です。あなた自身の旅路で得た気づきや学びを皆と共有すること

ができます。

　コーチとして参加する場合も、まず自分で演習を完了してください。コーチのトレーニングに関しての詳細は次のサイトを参照してください。
www.authleadership.com

ファシリテーターとして使用する場合

　オーセンティック・リーダーシップをサポートする組織文化の構築には、トップ・マネジメントによるリーダーシップが最も効果的です。ファシリテーターの立場では、マネジメント・チームと同等の立場での参加はできませんが、演習は自分自身で完了しておいてください。そうすることで、本書の中身を十分に理解でき、またクライアントの人生経験に沿って作業することができます。このアプローチ用のトレーニングに関する情報や、どのようにリーダーたちをオーセンティック・リーダーシップに関心を持たせられるかについては、次のサイトを参照してください。
www.authleadership.com

教育者として使用する場合

　あなたが教育者である場合、「どのようにしたら、MBAやエグゼクティブ、あるいは学部生用のリーダーシップ開発コースを作ることができるだろうか？」と考えるでしょう。本書と本編『True North リーダーたちの羅針盤』をベースに、リーダーシップ開発のコースを作ることができます。また、本書は、組織行動、マネジメントやリーダーシップの変革、グループやチームのマネジメントに関するコースの補完教材としても使えます。

　また本書は、キャリアのどの段階においても、リーダーの手引書として使うことができます。たとえば、大学生や大学院生を含む若いリーダー、中堅のリーダーや組織のトップのリーダー、そして自らのリーダーシップへの新しいステージに取り組むリーダーを含みます。この本にある演習やアドバイスの基になったのは、エグゼクティブとMBA学生のグループを対象に、トゥルーノースを辿り、真のリーダーとして成長するための講義クラスで経験したものです。

　私たちが推奨するのは、12週間かけたコース形式です。週に３つの事項を

カバーしていきます。

①各個人によるフィールドブック内の演習・課題への取り組み
②各演習・課題について、リーダーシップ・ディスカッション・グループ
　（LDG）によるセッション
③クラス全体によるディスカッション。質疑応答やディスカッショングル
　ープで得られた気づきや学び、演習課題に類似した経験を持つリーダー
　の事例などを含める。

　それぞれのクラス（講義）には、LDGを１つ指名しておきます（LDGの構成や形成については、付録Ｂを参照のこと）。時間が許せば、週３回のクラス（講義）を行い、最後のクラスは２つに分けて、前半はLDGで行った議論を一般化し、全体で未解決の問題について話し合い、その週のコンセプトについて講義します。後半に別のケースについて討議します。

〈付録B〉リーダーシップ・ディスカッション・グループ（LDG）の作り方

　オーセンティック・リーダーになるために最も価値のあるステップの１つは、定期的に集まるリーダーシップ・ディスカッション・グループ(LDG)を作って、それぞれの真のリーダーシップへの旅路における経験について討議することです。このフィールドブックは、LDGで使用できるように設定されています。

　LDGでは、各グループ・メンバーが前もって個別に課題を完了させ準備を整えてからグループ・ミーティングに参加し、自分の回答をグループ・メンバーたちとオープンに話し合います。LDGでの作業は、このガイドの章ごとに１～２週間ほどかかります。

　典型的なLDGは、４～８人のピア（仲間）で形成しますが、グループを形成する時点で必ずしも友人である必要はありません。成功への鍵は、グループのメンバー全員がオープンで、自ら進んで弱さをさらけ出し、率直な会話に参加する準備ができていることです。

　グループを効果的に機能させるには、最初に信頼と機密性を確立することが必須です。グループ・メンバー全員が、自身のリーダーとしての成長と、グループ・メンバーの成長を支援することに関心を持っておくことも必要です。

　グループ内の親密さを維持し、メンバー全員が十分なコミュニケーションの時間を確保するために、メンバー数は８人を超えないようにします。会合場所と会合の頻度について、合意することも重要です。全員が出席できるように、静かで機密性の高い決まった場所で会合を定期的に開催することが望まれます。毎週のミーティングと毎月のミーティングのどちらもうまく機能しますが、いずれの場合も、メンバー全員が全回出席を確約することが不可欠です。

　以下は、LDGメンバーが第一回目の会議で話し合い、合意する契約様式です。必要に応じてこの契約を修正し、各グループ・メンバーが契約へのコ

ミットメントの証しとして署名できるものにします。

リーダーシップ　ディスカッション　グループ契約

（A）　開催時期など

　LDGは、［○月］の毎週の［△曜日］に、●●時から▲▲時まで、✕✕にて開催する。

（B）　グループ・リーダー

　交代制で、各セッションで１人のメンバーがグループ・リーダーとなり、責任を持って会議のプログラムを計画し、ディスカッションをガイドする。

（C）　プログラム

　グループは、テーマ材料を割り当てるスケジュール方法について話し合い、同意する必要がある。個々のテーマ材料が、LDGディスカッションの基礎となる。演習は、事前に各個人が完了し、各グループ・メンバーがグループ内で共有する。課題の演習が完了したら、より深く議論したい追加のトピックを決定するか、各セッションのファシリテーターにトピックを選択してもらう。

（D）　基準と期待

　グループは、①オープンな参加、②相互作用への信頼、③守秘義務、および④サポート、に関する基準を書面で合意する必要がある。

　これらの基準は、違いを尊重し、寛容の期待度を設定し、フィードバックと建設的な対立を共有するための基本ルールをカバーするものでなければならない。

　［以下は、グループによって議論され、全体または一部が契約に組み込まれる可能性のある一連の基準。］

（1）　開放性

効果的であるためには、グループ・メンバーとのオープンな共有が学習に不可欠である。個人がグループとオープンにシェアできていない場合は、問題を提起してグループ内で話し合うことをメンバーの責任で行う。ただし、グループ・メンバーが、個人的で微妙な事柄について、個々人の「コンフォタブル・ゾーン（許容範囲）」を越えて立ち入らないことが重要である。

（2）　信頼
　LDGを効果的にするために、グループ全体はもちろんのこと、各メンバーを信頼することが必須である。信頼を築くためには、正直でオープンなコミュニケーションとお互いへの配慮と関心を欠いてはならない。メンバーが自分は大切に扱われていると感じて初めて、効果的なリーダーを目指すことができる。

（3）　守秘義務
　グループ内での発言は、たとえ配偶者やパートナーであっても、グループ外の他の人たちと話し合ってはならないという確固たる合意が必要である。

（4）　相違点
　グループは、個人の違いを許容し、グループ体験に対する各メンバーの目標に合わせて適応しなければならない。

（5）　寛容性
　人生の優先順位や価値観について話し合うとき、「正しい」答えはない。グループ・メンバーは、他のメンバーについて、その是非や正誤の判断をすべきではない。

（6）　フィードバック
　グループ・メンバーは、各自の考え方、リーダーシップの特徴、コミュニケーション・スタイルについて、互いに建設的なフィードバックを提供したり、受け取ったりします。

（7）　反論

　他のメンバーによる反論は、それが個人攻撃にならないようにリスペクトを持って表現された場合、健全であると見なされる。適切に管理すれば、リスペクトを持った反論は全員にとって有意義な学習に貢献するものになる。

推薦図書

第1章　人生経験

Baldwin, C. Storycatcher: *How the Power of Story Can Change Our Lives.* Novato, Calif.: New World Library, 2005.

Boas, S., and Eilam, G. "What's your story?" A life-story approach to authentic leadership development. *The Leadership Quarterly,* 16, 2005.

Bruner, J. S. *Actual Minds, Possible Selves.* Cambridge, MA: Harvard University Press, 1986.

Franco, C., and Lineback, K. *The Legacy Guide: Capturing the Facts, Memories, and Meaning of Your Life.* New York: Penguin, 2006.

Kahneman, D. "Two Selves" in *Thinking Fast and Slow.* New York: Farrar, Straus and Giroux, 2011.

McCall, M. W., Lombardo, M. M. & Morrison, A. M. *The Lessons of Experience.* Lexington, MA: D. C. Heath, 1988.

Wilson, T. *Redirect: Changing the Stories We Live By.* New York: Little Brown Books, 2011.

第2章　道を見失う

Berglas, S. Victims of Their Own Success. In R. B. Kaiser (Ed.), *The Perils of Accentuating the Positive* (pp. 7–96), Tulsa, OK: Hogan Press, 2009.

Brown, B. *Daring Greatly.* New York: Gotham Books, 2012.

Dotlich, D. L., & Cairo, P. C. *Why CEOs Fail.* San Francisco: Jossey-Bass, 2003.

Finkelstein, S. *Why Smart Executives Fail and What You Can Learn from Their Mistakes.* New York: Portfolio, 2003.

Fiorina, C. *Tough Choices.* New York: Portfolio, 2006.

Goleman, D. *Destructive Emotions.* New York: Bantam Books, 2003.

Hill, L. *Becoming a Manager: How New Managers Master the Challenges of Leadership.* Boston: Harvard Business School Publishing, 2003.

Klein, Gary. "Performing a project premortem." *Harvard Business Review* 85.9, pp: 18–19, 2007.

Lombardo, M. M. & Eichinger, R. W. *Preventing Derailment: What to Do before It's too Late.* Greensboro, NC: Center for Creative Leadership, 1999.

McCall, M. W. Jr. *High Flyers.* Cambridge, MA: Harvard Business School Press, 1998.

Mitchel, D. J, Russo, J. E. and Pennington, N. "Back to the Future: Temporal Perspective in the Explanation of Events." *Journal of Behavioral Decision Making,* 2, 25–38, 1989.

Maccoby, M. *The Productive Narcissist.* Los Angeles: Broadway Books, 2003.

Van Velsor, E., and Leslie, J. B. "Why Executives Derail: Perspectives across Time and

Cultures." *Academy of Management Review,* 9, 62–72, 1995.

第3章　試練

Bennis, W., and Thomas, R. *Geeks and Geezers.* Boston: Harvard Business School Press, 2002.

Coelho, P. *The Alchemist.* New York: HarperCollins, 2006.

Maddi, S. R. *Hardiness: Turning Stressful Circumstances into Resilient Growth.* Heidelberg: Springer, 2013.

Quinn, R. E. *Building the Bridge as You Walk on It: A Guide for Leading Change.* San Francisco: Jossey-Bass, 2004.

Reivich, K. Shatté A. *The Resilience Factor.* New York: Broadway Books, 2002.

Seligman, M. E. P. *Learned Optimism.* New York: Random House, 2006.

Stolz, P. Grit: *The New Science of What it Takes to Persevere, Flourish, Succeed.* New York: Climb Strong Press, 2015.

Thomas, R. *Crucibles of Leadership: How to Learn from Experience to Become a Great Leader.* Boston: Harvard Business School Press, 2008.

第4章　自己認識

Bennis, W., and Tichy, N. *Judgment.* New York: Portfolio, 2007.

Bryant, J. *Love Leadership: The New Way to Live in a Fear-Based World.* San Francisco: Jossey-Bass, 2009.

Cashman, K. *Leadership from the Inside Out.* Provo, Utah: Executive Excellence, 1998.

Conley, C. *Peak.* San Francisco: Jossey-Bass, 2007.

Cooley, C. H. *Human Nature and the Social Order.* New York: Scribner's, 1902.

Dweck, C. S. *Mindset: The New Psychology of Success.* New York: Random House, 2008.

Gardner, H. *Intelligence Reframed.* New York: Basic Books, 1999.

Gladwell, M. *Blink.* New York: Little, Brown, 2000.

Goldsmith, M. *What Got You Here Won't Get You There.* New York: Hyperion, 2007.

Goleman, D. *Emotional Intelligence.* New York: Bantam Books, 1995.

Goleman, D., Boyatzis, R., and McKee, A. *Primal Leadership.* Boston: Harvard Business School Press, 2002.

Jaworski, J. *Synchronicity.* San Francisco: Berrett-Koehler, 1996.

Langer, E. J. *Mindfulness.* Boston: Da Capo Press, 1983.

Kabat-Zinn, J. *Mindfulness for Beginners.* Boulder: Sounds True, 2012.

Maxwell, J. *Developing the Leader Within You.* London: Nelson, 2005.

Oliver, M. *New and Selected Poems.* Boston: Beacon Press, 1992.

Tan, C. M. *Search Inside Yourself.* New York: Harper Collins, 2012.

Walcott, D. "Love After Love." In *Sea Grapes.* New York: Farrar, Straus & Giroux, 1976.

第5章　価値観

Christensen, C., Allworth, J., and Dillon, K. *How Will You Measure Your Life?* New York: HarperBusiness, 2012.

Gentile, M. *Giving Voice to Values? How to Speak Your Mind When You Know What's Right.* New Haven, CT: New Haven Yale University Press, 2010.

Heifetz, R. *Leadership without Easy Answers.* Cambridge, MA: Belknap, 1994.

Hurley, R. *The Decision to Trust: How Leaders Create High-Trust Organizations.* San Francisco: Jossey-Bass, 2011.

Piper, T., Gentile, M., and Daloz-Parks, S. *Can Ethics Be Taught?* Boston: Harvard Business School Press, 1993.

第6章　スイート・スポット

Ben-Shahar, T. *Being Happy: You Don't Have to Be Perfect to Lead a Richer, Happier Life.* New York: McGraw-Hill, 2010.

Csikszentmihalyi, M. *Flow.* New York: Harper Perennial Modern Classics, 2008.

Pink, D. *Drive.* New York: Riverhead books, 2011.

Seligman, M. *Flourish: A Visionary New Understanding of Happiness and Well-being.* New York: Atria Books, 2011.

第7章　サポート・チーム

George, Bill, *True North Groups.* San Francisco, CA: Berrett-Koehler Publishers, 2011.

Gladwell, M. *The Tipping Point: How Little Things Can Make a Big Difference.* New York: Little, Brown, 2000.

Krzyzewski, M. *Leading with the Heart.* New York: Warner Books, 2000.

Peck, M. S. *The Road Less Traveled.* New York: Simon & Schuster, 1979.

第8章　公私を統合する人生

Christensen, C., Allworth, J., and Dillon, K. *How Will You Measure Your Life?* New York: HarperBusiness, 2012.

Harris, D. *10 Percent Happier: How I Tamed the Voice in My Head, Reduced Stress without Losing My Edge, and Found Self-Help That Actually Works—a True Story.* New York: HarperCollins, 2014.

Sandberg, Sheryl. *Lean In: Women, Work, and the Will to Lead.* New York: Knopf, 2013.

Williams, M. and Penman, D. *Mindfulness: An Eight-Week Plan for Finding Peace in a Frantic World.* Emmaus, PA: Rodale Books, 2011.

第9章　「私」から「私たち」へ

Campbell, J. *The Hero's Journey.* Novato, Calif.: New World Library, 1990.

Faust, D. H. Harvard Business School Centennial speech. http://www.harvard.edu/president/speech/2008/harvard-business-school-centennial, Cambridge, October 14, 2008.

Greenleaf, R. K. *Servant Leadership: A Journey into the Nature of Legitimate Power and Greatness.* Mahwah, NJ: Paulist Press, 1977.

Hesse, H. *The Journey to the East.* New York: Picador, 1956.

Hill, L. *Becoming a Manager: How New Managers Master the Challenges of Leadership.* Boston: Harvard Business School Publishing, 2003.

Mackey, J. and Sisodia, R. *Conscious Capitalism.* Boston: Harvard Business School Publishing, 2014.

Mandela, N. R. *Long Walk to Freedom: The Autobiography of Nelson Mandela.* Boston: Back Bay Books, 1994.

Maslow, A. *Maslow on Management.* Hoboken, NJ: John Wiley & Sons, 1998.

Quinn, R. E. *Building the Bridge as You Walk on It: A Guide for Leading Change.* San Francisco: Jossey-Bass, 2004.

Smith, D. K. *On Value and Values: Thinking Differently About We in an Age of Me.* Upper Saddle River, NJ: Prentice Hall, 2004.

Snook, S. A. and Khurana, R. K. "The End of the Great Man." In *The Essential Bennis,* Warren Bennis, ed. San Francisco: Jossey-Bass, 2009, 138–159.

Spears, L. C. and Lawrence, M. eds *Focus on Leadership: Servant-Leadership for the Twenty-First Century.* Hoboken, NJ: John Wiley and Sons, 2002.

Useem, M. *The Leadership Moment.* New York: Three Rivers Press, 1998.

第10章　目的・目標

Craig, N. and Snook, S. "From Purpose to Impact," *Harvard Business Review,* May 2014.

Frankl, V. *Man's Search for Meaning.* Boston: Beacon Press, 2006.

Hurst, A. *The Purpose Economy: How Your Desire for Impact, Personal Growth and Community Is Changing the World.* Boise, ID: Elevate; Gold edition, 2014.

Ibarra, H., Ely, R., and Kolb, D. "Women Rising: The Unseen Barriers," *Harvard Business Review,* September 2013.

O'Kelly, E. *Chasing Daylight: How My Forthcoming Death Transformed My Life.* New York: McGraw Hill 2008.

Pink, D. *Drive.* New York, NY: Riverhead books 2011.

Seligman, M. *Flourish: A Visionary New Understanding of Happiness and Well-being.* New York, NY: Atria Books 2011.

第11章　エンパワーメント

Batstone, D. *Saving the Corporate Soul.* San Francisco: Jossey-Bass, 2003.

Bossidy, L., and Charan, R. *Execution.* New York: Crown Business, 2002.

Bower, J. *The CEO Within.* Boston: Harvard Business School Press, 2007.

Collins, J., and Porras, J. *Built to Last.* New York: HarperCollins, 1994.

De Pree, M. *Leadership Is an Art.* New York: Doubleday, 1990.

Ferrazzi, K. *Never Eat Alone.* New York: Doubleday, 2005.

Heifetz, R., and Linsky, M. *Leadership on the Line.* Boston: Harvard Business School Press, 2002.

Kanter, R. M. *Confidence.* New York: Crown Business, 2004.

Lawrence, P., and Nohria, N. *Driven.* San Francisco: Jossey-Bass, 2002.

McGregor, D. *The Human Side of Enterprise.* New York: McGraw-Hill, 1960.

Pfeffer, J. *Managing with Power.* Boston: Harvard Business School Press, 1992.

Senge, P. M., Kleiner, A., Roberts, C., Ross, R. B., and Smith, B. J. *The Fifth Discipline Field Book.* New York: Currency Book, 1994.

Sutton, R. *The No Asshole Rule.* New York: Business Plus, 2007.

Torbert, W. R. *Action Inquiry: The Secret of Timely and Transforming Leadership.* San Francisco: Berrett-Koehler, 2004.

Useem, M. *Leading Up.* New York: Crown Business, 2001.

Whitehead, J. *A Life in Leadership.* New York: Basic, 2005.

第12章　あなたのリーダーシップ開発プラン

Kouzes, J., and Posner, B. *The Leadership Challenge.* San Francisco, CA: Jossey-Bass, 2012.

Nohria, N., and Khurana, R. *Handbook of Leadership Theory and Practice.* Boston: Harvard Business School Publishing, 2010.

●著者

●Nick Craig（ニック・クレイグ）

リーダーシップのコンサルティング会社、オーセンティック・リーダーシップ・インスティテュート（ALI）の代表。世界中でオーセンティック・リーダーシップ・プログラムを指導。リーダーや組織が自らの深い目的を発見し、それを実践する勇気を持てるよう支援している。ニックの洞察とアプローチは、25年にわたってトップチームやシニアのリーダーシップ・プログラム、エグゼクティブ・コーチングの経験、さらに成果に焦点を当てた変革イニシアティブの構築に携わってきたことに由来している。

2014年5月号のハーバード・ビジネス・レビューに、スコット・スヌークとの共著で「From Purpose to Impact」を寄稿している。オーセンティック・リーダーシップと目的の分野における彼の研究は、GE、ユニリーバ、ウォートンのアドバンスド・マネジメント・プログラムなど、企業やアカデミックな場で活用されている。また、「Confidence is an Inside Job」は、最もリクエストの多い論文のひとつである。

ビル・ジョージとの関わり以外にも、ハーバード・ビジネススクールの組織変革プラクティスの名誉ディレクターであるマイケル・ビールと協働し、トップチームが戦略的実行を推進するための率直な対話を行えるよう支援してきた。また、マサチューセッツ工科大学（MIT）スローン校のリーダーシップ・センターと、分散型リーダーシップ・モデルに基づくエグゼクティブ・コーチング・プログラムの開発にも携わっている。

●Bill George（ビル・ジョージ）

ハーバード・ビジネススクール（HBS）のシニア・フェロー。2004年から、リーダーシップについて教えている。HBSのエグゼクティブ教育プログラム「オーセンティック・リーダーシップ開発」のファカルティ・チェア、「Leading Global Enterprises」の共同議長を務める。

1991年から2001年まで、世界有数の医療技術企業であるメドトロニック社の最高経営責任者を務めた。彼のリーダーシップのもと、メドトロニックの時価総額は11億ドルから600億ドルに成長し、年平均35％の成長を遂げた。現在はゴールドマン・サックスとメイヨー・クリニックの取締役を務め、最近ではエクソンモービル、ノバルティス、ターゲットの取締役を務めた。

フランクリン・インスティテュートから2014年バウワー賞（ビジネス・リーダーシップ部門）を受賞し、2012年には全米工学アカデミーの会員に選出された。また、PBSの「過去25年間のビジネスリーダートップ25」、経営アカデミーの「エグゼクティブ・オブ・ザ・イヤー」、全米取締役協会の「ディレクター・オブ・ザ・イヤー」に選出されている。

『ミッション・リーダーシップ ── 企業の持続的成長を図る』（生産性出版、2004年）、『リーダーへの旅路 ── 本当の自分、キャリア、価値観の探求』（生産性出版、2007年）、『難局を乗り切るリーダーシップ ── ハーバード教授が教える7つの教訓』（生産性出版、2010年）、『True North リーダーたちの羅針盤』（生産性出版、2017年）の4冊はベストセラーとして読み継がれている。

●Scott Sniik（スコット・スヌーク）

ハーバード・ビジネススクールの経営学准教授。リーダーシップとリーダー育成のコースを教えている。スコットの研究およびコンサルティング活動は、リーダーシップ、リーダー育成、変革の主導、組織システム、文化など多岐にわたる。

ウェストポイントを優秀な成績で卒業後、米国陸軍工兵隊に入隊し、27年以上にわたって指揮官や幕僚の要職を歴任、2002年に退官するまで大佐の地位にあり、また米陸軍士官学校の行動科学・リーダーシップ学部の教授を務めた。レジオン・オブ・メリット、ブロンズ・スター、パープル・ヘアーズ、マスター・パラシュート・バッジなどの勲章を授与されている。

ハーバード・ビジネススクールでMBAを取得し、ベーカー奨学生として優秀な成績で卒業。ハーバード大学で組織行動学の博士号を取得し、イラク北部での「フレンドリー・ファイア撃墜（同士討ち）」に関する研究で、経営学アカデミーのセージ・ルイーズ・ポンディ最優秀論文賞を受賞。

著書 *Friendly Fire（2002）*は、2002年経営アカデミーよりテリー賞を受賞。リーダーシップにおける常識の役割を探求した*Practical Intelligence in Everyday Life（2000）, The Handbook for Teaching Leadership: Knowing, Doing, and Being（2011）*など数多くの著書がある。

●訳者

●小川孔輔（おがわ・こうすけ）

1951年生まれ、秋田県出身。法政大学名誉教授（元経営大学院教授）、日本フローラルマーケティング協会会長（創設者）。『マクドナルド —— 失敗の本質』（東洋経済新報社、2015年）や『青いリンゴの物語 —— ロック・フィールドのサラダ革命』（PHP研究所、2022年）、『True North リーダーたちの羅針盤（監訳）』（生産性出版）、『史上最強のホームセンター —— 常識破りのホームデポ経営戦略（共訳）』（ダイヤモンド社、2023年）など著書・翻訳書多数。

●林 麻矢（はやし・まや）

佐賀県出身。筑波大学卒業。海外旅行代理店の設立メンバー、外資系マーケティング・コンサルティング会社にてアジア地区CEOの補佐、国内外のビジネススクールでの教授補佐を経て、現在は翻訳業。『True North リーダーたちの羅針盤（小川孔輔監訳）』（生産性出版、2017年）、『史上最強のホームセンター —— 常識破りのホームデポ経営戦略（共訳）』（ダイヤモンド社、2023年）など。

True North リーダーたちの羅針盤 フィールドブック

2024年4月2日 初版第1刷発行©

著　　　者	ニック・クレイグ
	ビル・ジョージ
	スコット・スヌーク
訳　　　者	小川孔輔　林 麻矢
発 行 者	髙松克弘
編集担当	村上直子
発 行 所	生産性出版

　　　　〒102-8643　東京都千代田区平河町2-13-12
　　　　　　　　　　日本生産性本部
　　　　電話03（3511）4034
　　　　https://www.jpc-net.jp

印刷・製本	シナノパブリッシングプレス
装丁デザイン	竹内雄二
本文デザイン	茂呂田 剛（有限会社エムアンドケイ）
校正	梶原 雄

Printed in Japan
乱丁・落丁は生産性出版までお送りください。お取り替えいたします。
ISBN978-4-8201-2152-7

—生産性出版の好評書—

世界７カ国で翻訳されたベストセラーの日本語版！

True North
リーダーたちの羅針盤

「自分らしさをつらぬき」成果を上げる

A5 判・並製・縦組・506 頁　定価（本体 3600 円＋税）
ISBN: 978-4-8201-2071-1
法政大学名誉教授　小川 孔輔　監訳
林 麻矢　訳
Bill George（ビル・ジョージ）著